Núcleo de Catequese Paulinas – Nucap

INICIAÇÃO À VIDA CRISTÃ

EUCARISTIA

Livro da Família

Edição revista e ampliada

Dados Internacionais de Catalogação na Publicação (CIP)
(Câmara Brasileira do Livro, SP, Brasil)

Iniciação à vida cristã : eucaristia : livro da família / Núcleo de Catequese
Paulinas - NUCAP. – 8. ed. – São Paulo : Paulinas, 2013. – (Coleção
água e espírito)

Bibliografia.
ISBN 978-85-356-3394-8

1. Catequese - Igreja Católica   2. Catequese familiar   3. Comunhão
(Eucaristia)   4. Família   5. Primeira Comunhão   6. Vida cristã
I. Núcleo de Catequese Paulinas.   II. Série.

12-14474   CDD-234.163

Índice para catálogo sistemático:
1. Eucaristia : Iniciação : Livro da família : Cristianismo   234.163

Citações bíblicas: *Bíblia de Jerusalém*. São Paulo, Paulus, 2002.

Direção-geral: *Bernadete Boff*
Editores responsáveis: *Vera Ivanise Bombonatto e Antonio Francisco Lelo*
Redatores: *Antonio Francisco Lelo (coordenador)*
Abadias Aparecida Pereira,
Erenice Jesus de Souza e
Sandra Alves Silva
Vicente Frisullo
Copidesque: *Mônica Elaine G. S. da Costa*
Coordenação de revisão: *Marina Mendonça*
Revisão: *Ana Cecilia Mari*
Gerente de produção: *Felício Calegaro Neto*
Capa e editoração eletrônica: *Manuel Rebelato Miramontes*
Ilustração de capa: *Gustavo Montebello*

8ª edição – 2013
6ª reimpressão – 2021

*Nenhuma parte desta obra poderá ser reproduzida ou transmitida
por qualquer forma e/ou quaisquer meios (eletrônico ou mecânico,
incluindo fotocópia e gravação) ou arquivada em qualquer sistema ou
banco de dados sem permissão escrita da Editora. Direitos reservados.*

Paulinas
Rua Dona Inácia Uchoa, 62
04110-020 – São Paulo – SP (Brasil)
Tel.: (11) 2125-3500
http://www.paulinas.com.br – editora@paulinas.com.br
Telemarketing e SAC: 0800-7010081
© Pia Sociedade Filhas de São Paulo – São Paulo, 2008

Sumário

APRESENTAÇÃO 5

INTRODUÇÃO 7

TEMA 1 – CAMINHAR JUNTOS 15

TEMA 2 – POR QUE TER RELIGIÃO? 23

TEMA 3 – A FÉ NA BÍBLIA E NA VIDA 31

CELEBRAÇÃO DE ABERTURA DA CATEQUESE 39

TEMA 4 – COMO E POR QUE LER A BÍBLIA 46

TEMA 5 – DEUS PREPAROU O SEU POVO 56

TEMA 6 – O REINO DE DEUS ESTÁ PRÓXIMO 63

TEMA 7 – LEITURA ORANTE – CONVERTEI-VOS E CREDE
NO EVANGELHO 69

TEMA 8 – A PÁSCOA DE CRISTO 74

TEMA 9 – LEITURA ORANTE – LAVA-PÉS 79

TEMA 10 – SINAIS DO REINO: BATISMO 85

TEMA 11 – SINAIS DO REINO: EUCARISTIA 90

TEMA 12 – VIVER O DOMINGO 95

TEMA 13 – A IGREJA 98

TEMA 14 – UNA, SANTA, CATÓLICA E APOSTÓLICA 102

TEMA 15 – O CRISTÃO NA IGREJA E NO MUNDO 108

BÊNÇÃO DA FAMÍLIA 114

BIBLIOGRAFIA 117

Apresentação

Prezados pais e responsáveis, ao trabalharem este livro de mãos dadas com as crianças, estarão indo direto ao coração de Cristo, ao memorial de sua Páscoa, sacramento de sua morte e ressurreição. Não há mistério maior do que esse.

Os temas aqui tratados correspondem àqueles do *Livro do catequizando*. Queremos, nestes encontros com a equipe de catequese, apresentar-lhes a proposta evangélica das unidades que compõem o itinerário de iniciação à Eucaristia. A reflexão dos pais e responsáveis possibilitará acompanhar mais de perto as atividades propostas nos encontros. E, certamente, será uma oportunidade de aprofundamento da própria fé com a comunidade.

Muitos pais se acham afastados da vida de fé e mesmo assim trazem os filhos à catequese para cumprir uma tradição religiosa. Por isso, é fundamental que toda a família aprofunde a doutrina, a celebração e a prática da fé cristã como elemento de vida e de unidade.

"Receber o Batismo, a Confirmação e abeirar-se pela primeira vez da Eucaristia são momentos decisivos não só para a pessoa que os recebe mas também para toda a sua família; esta deve ser sustentada, na sua tarefa educativa, pela comunidade eclesial em suas diversas componentes."[1]

Já em 1974 os bispos do Brasil, ao tratarem da preparação eucarística, observavam: "O grande trabalho da iniciação deve ser feito junto à família das crianças, mais do que com a própria criança. É bom lembrar que só haverá uma eficaz iniciação quando

---

[1] BENTO XVI. *Exortação apostólica Sacramento da caridade*. São Paulo: Paulinas, 2007. n. 19.

a família assumir a tarefa de integrar, pelo testemunho vivencial, seus filhos na vida eclesial, assim como os pais responsáveis se preocupam em integrá-los na vida familiar. Somente as famílias assíduas às celebrações poderão iniciar de modo conveniente e eficaz".[2]

Em 2005, os bispos afirmaram que "não se pode imaginar uma catequese com jovens, adolescentes e crianças sem um trabalho específico com os pais. A catequese familiar é insubstituível".[3] Também orientam que "a catequese com crianças e adolescentes se inspire, o mais possível, nos moldes da catequese familiar, em que os pais são preparados para educar seus filhos na vida cristã e para os sacramentos".[4]

Juntamente com as crianças, a família refaz o caminho da iniciação cristã. Durante a preparação para a vida de comunhão eucarística, o itinerário percorrido deverá ser partilhado e aprofundado em casa. Trata-se não apenas de uma lição a mais, ou de um conteúdo apreendido, mas sim de um processo a ser interiorizado e testemunhado por toda a família. Isso implica convicções, valores e fé que levarão a uma forma própria de encarar a vida, de estabelecer relações e dar significado à existência.

A catequese de iniciação à vida eucarística quer despertar na criança e na família uma forma de conduta coerente com a verdade que o sacramento faz presente. A Eucaristia é a vida entregue de Jesus em favor da humanidade, é exercício de solidariedade, de doação até da própria vida. Igualmente, receber pela primeira vez o sacramento não se reduz à formalidade de uma missa festiva, mas é ser introduzido numa forma de ser cristão segundo o pensamento e proposta de Jesus, quando disse: "Tomai e comei [...]; tomai e bebei [...]. Isto é o meu corpo [...]; isto é o meu sangue".

---

[2] CNBB. *Pastoral dos sacramentos da iniciação cristã.* São Paulo: Paulinas, 1974. n. 6.3. (Documento da CNBB, n. 2a).

[3] CNBB. *Diretório nacional de catequese.* São Paulo: Paulinas, 2007. n. 188. (Documentos da CNBB, n. 84).

[4] Ibid., n. 298.

Introdução

A família, com raras exceções, deixou de ser o porto seguro das pessoas. Muitas vezes observamos que as relações são instáveis, deixando os filhos sem o referencial de um lar permeado de amor, união e atenção.

Muitas vezes, os pais se preocupam primeiramente em informar e em suprir as necessidades materiais dos filhos (como casa, carro, computador, escola, recreação), e por isso trabalham desesperadamente. Essa educação atende à expectativa física dos catequizandos, mas espiritualmente deixa a desejar.

"Há novos padrões sociais para a sexualidade e a família, muito diferentes dos ensinados pela Igreja [...]; mais e mais as novas famílias deixam de levar em conta a fé, inviabilizando assim a socialização cristã primária."[1] Resulta que as crianças em idade de catequese chegam à comunidade com bem poucos ou quase sem os princípios básicos da fé. Muitas, por exemplo, não conhecem as primeiras orações, não discernem o certo do errado ou não têm sensibilidade para com o outro.

A missão do catequista, muitas vezes, tem dissabores, pois há pais que delegam a ele a tarefa de educar os filhos na fé, assim como fazem com os professores na escola. Acabam se eximindo de suas responsabilidades.

Um belo exemplo, contrário a essa realidade, que já funciona há mais de vinte anos, encontramos na Paróquia Nossa Senhora Auxiliadora de Campinas (SP). A catequese de iniciação à Eucaristia funciona às segundas-feiras à noite. Certo dia, o pároco foi

---

[1] CNBB. *Diretório nacional de catequese*. São Paulo: Paulinas, 2007. n. 95. (Documentos da CNBB, n. 84).

casualmente ao estacionamento e encontrou alguns pais sentados em seus carros. Ao serem questionados por que estavam ali, eles responderam que estavam esperando seus filhos, que estavam na catequese. Imediatamente, o pároco intuiu algo que transformou a catequese. Conversou com a coordenação e, no ano seguinte, quem quisesse inscrever a criança na catequese deveria também participar dos encontros para os pais. Assim, o encontro para as crianças e a reunião conjunta dos pais passou a acontecer ao mesmo tempo. Esta última é coordenada pela escola de pais, que trabalha vários temas formativos ao longo do ano.

Outra experiência positiva nasceu da prática pastoral do Pe. Vicente, coautor deste livro e pároco na periferia da cidade de São Paulo. Diz ele: "Anos atrás, apresentei uma proposta ao Conselho Pastoral que, além de aprová-la, se comprometeu a acompanhá-la. Consistia no seguinte: para inscrever os filhos na catequese para a primeira Comunhão, a paróquia colocou como condição a participação dos pais nos encontros de formação, dados pelo pároco com o apoio de uma equipe; sem a participação dos pais nestes encontros não se efetivaria a inscrição dos filhos na catequese.

A experiência, feita em primeiro lugar na comunidade matriz da paróquia, foi estendida, com o tempo, às outras seis comunidades e, hoje, é já uma questão pacífica em toda a paróquia! Terminada a inscrição das crianças, inicia-se a catequese dos pais e responsáveis. Só depois começa a catequese com as crianças.

Este resultado foi muito além das expectativas, pois, junto com a evangelização dos adultos – pais dos catequizandos –, a estratégia contribuiu para a permanência das crianças, depois da primeira Comunhão, no grupo de Perseverança. Consequência disso foi também um grupo consistente de 'ministrantes' (coroinhas) para o serviço do altar, que em nossa paróquia é reservado aos adolescentes que fizeram a primeira Comunhão e continuam no grupo de Perseverança. A maioria dos pais continua acompanhando a participação, os retiros e os encontros de lazer de seus filhos que estão na Perseverança e no serviço do altar".

Sabemos que o objetivo principal da catequese é o de proporcionar o encontro com Jesus, para tornar os batizados em discípulos missionários. Hoje o entendemos melhor, pois chegamos à convicção de que a catequese é um processo de educação da fé que perpassa os diversos estágios da vida cristã e deve contar com a ação simultânea de diversos protagonistas. Os pais também devem percorrer seu itinerário, seja para crescer rumo à maturidade em Cristo (Ef 4,13), seja para ter competência na educação da fé de seus filhos. Estes dois elementos devem caminhar juntos.

METODOLOGIA

A reflexão de cada tema é apresentada de maneira ampla, a forma de trabalhar dependerá de cada situação concreta e, inclusive, cada um deles poderá ser desdobrado em vários encontros.

A metodologia sugerida é que em cada encontro sucessivo seja retomado o tema do encontro precedente, e para os pais que não puderam acompanhar todos os encontros de formação, sejam organizados outros encontros com um horário mais acessível, mas lembrando que ninguém está dispensado dessa formação.

É indispensável que essa formação dos pais tenha continuidade durante o período da catequese de suas crianças. O ideal seria que, em cada semestre, houvesse um encontro formativo-informativo e de avaliação com os pais, e, na medida do possível, com a presença do pároco, o primeiro animador do processo catequético na paróquia.[2]

Os catequistas que irão trabalhar com os adultos sejam os mais experientes do grupo, sempre com a supervisão e acompanhamento do pároco, para dirimir as dúvidas e aprofundar a reflexão com estes catequistas.

Relembramos que tais catequistas devem valorizar as opiniões, experiências de vida, modos diferentes de entender os

---

[2] O pároco deve ter bem claro que ministério presbiteral e catequese são inseparáveis, pois a tarefa catequizadora do presbítero brota da própria Ordem sacerdotal que o constitui educador da fé (Diretório Geral da Catequese, 24, e Pastores Dabo Vobis, 12). Neste ministério de educador da fé, o pároco conta tanto com os pais das crianças quanto com os catequistas que são, de fato, seus primeiros colaboradores.

temas, e não queiram impor uma forma única de compreender a doutrina ou a moral da Igreja. Recomendamos esperar que os adultos, mesmo com opiniões diversas, passo a passo confrontem o modo de pensar com as reflexões que vão sendo realizadas ao longo dos encontros.

A atitude de diálogo e acolhida de opiniões garante a aceitação das pessoas em seu estágio de reflexão e amadurecimento e lhes permitirá novos confrontos com a mensagem evangélica e eclesial. Esta é uma consequência imediata da pluralidade presente em nossa convivência social.

Em cada reunião reservar momentos para os adultos expressarem seu próprio modo de pensar, expor dúvidas e testemunhos pessoais. A ressonância do tema na vida deles constitui o sinal mais eloquente de que a mensagem evangélica faz o seu caminho de conversão no dia a dia deles.

Dependendo da configuração do número de adultos presentes, será muito proveitosa a formação de grupos para o aprofundamento do tema. A parceria dos catequistas com o núcleo familiar tornará a caminhada do catequizando mais eficaz e, com certeza, mais frutuosa. O importante é que pais e familiares se sintam responsáveis e protagonistas ao longo de todo o processo.

CONCEITO DE FAMÍLIA

A concepção de família hoje não é mais a que tínhamos antigamente. Deixaram de ser numerosas, exceto aquelas com vulnerabilidade social. Em geral os casais optam por um ou dois filhos. Muitos são criados apenas pela mãe ou pelo pai; temos ainda a geração de netos; as crianças das "escolinhas" e/ou de babás por ficarem período integral em companhia delas.

Na configuração de casais em segunda ou terceira união, os filhos além de aceitar a convivência com uma terceira pessoa terão também que aceitar os irmãos advindos da(s) união(ões) anterior(es). Quando a criança não é preparada para a partilha e a fraternidade, poderá gerar conflitos que muitas vezes provocam a desagregação familiar.[3]

Preferimos tratar a configuração familiar em geral, considerando prioritariamente as relações afetivas e os vínculos de educação, solidariedade e proteção, sem nos deter no modelo natural de pais e filhos. Por isso, muitas vezes citamos a família, ou os familiares, sem necessariamente nos referir unicamente aos pais.

LEITURA ORANTE

Durante o período da catequese, o catequista e os pais irão despertar no catequizando uma paixão pela Palavra de Deus, suscitando nele o gosto pela leitura e meditação; incentivando-o ao belo hábito da leitura cotidiana de breves trechos. Isto deve ser feito desde cedo, assim como aconteceu com Timóteo que, desde a infância, ainda no colo da mãe, foi introduzido no conhecimento das Sagradas Escrituras (cf. 2Tm 3,14-17). O entusiasmo e o testemunho do catequista e dos pais são o melhor incentivo para suscitar este hábito.

Podemos ler a Bíblia de diversos modos. Há, entretanto, uma maneira bem antiga, chamada Leitura Orante, que foi criada pelos primeiros cristãos para alimentar a fé e animar a caminhada da Comunidade diante das dificuldades. Este método resulta numa experiência pessoal e comunitária de escuta e de obediência à Palavra de Deus. Proporciona o encontro pessoal com Jesus Cristo. Visa à transformação de todos aqueles que, a exemplo dos discípulos de Emaús, querem deixar a Palavra de Deus aquecer e transformar o próprio coração e a própria vida (cf. Lc 24,13-35).

---

[3] Cf. PORRECA, Wladimir. *Filhos*; desafios e adaptações na família em segunda união. São Paulo: Paulinas, 2012.

Como fazer[4]

A Palavra de Deus é sempre nova, e Cristo está sempre presente nela, realizando o mistério da salvação, santificando os homens e estes com Cristo elevando um culto ao Pai. "O Mestre está aí e te chama" (Jo 11,28).

Invocação do Espírito Santo

(Silêncio – Canto ou uma oração). "... Ele abriu a inteligência dos discípulos para entenderem as Escrituras" (Lc 24,45). Convide a todos para rezarem a oração do Espírito Santo.

Primeiro passo: Leitura

O catequista faz a leitura da passagem bíblica em voz alta e auxilia os catequizandos para que todos acompanhem o que o texto diz. Logo após esta leitura, cada catequizando realiza individualmente a mesma leitura.

Após a leitura, favoreça um momento de silêncio procurando despertar em cada catequizando a lembrança do que leu, o sentido de cada frase, das palavras, os personagens envolvidos, o local onde os fatos aconteceram.

Peça para que apresentem alguma palavra ou frase que mais tenha chamado à atenção. Compete ao catequista acolher o que o grupo apresenta e conduzir à reflexão para que eles compreendam o texto.

O importante nesse passo é entender o que o texto diz em si.

É imprescindível que o catequizando esteja com sua própria Bíblia. Atenção às várias versões, solucionando possíveis dúvidas. Se houver catequizando com dificuldade para ler, organizar duplas para que juntos possam realizá-la.

---

[4] Seguiremos as indicações de Antonio Elcio de Souza, adaptando-as para a catequese.

Pode-se servir de um subsídio, para ajudar a compreender o texto. Para tanto apresentamos, a você catequista, um breve comentário para estudo.

SEGUNDO PASSO: MEDITAÇÃO

Ler de novo o texto.

Tentar alargar a visão, unindo esse texto a outros textos bíblicos.

É chegado o momento de saborear a Palavra lentamente. A catequese possibilita o encontro dos catequizandos com a mensagem proclamada, associando o texto com a vida em toda a sua plenitude, atualizando o que ele tem a dizer.

Converse com o grupo de modo a meditar a profundidade do compromisso a ser assumido, apresentando-lhe questionamentos. Fazer três ou quatro perguntas para orientar a reflexão. Qual é a mensagem do texto para mim hoje?

"Quando escutas ou lês, tu comes; quando meditas, tu ruminas, a fim de seres um animal puro e não impuro" (Santo Agostinho).

TERCEIRO PASSO: ORAÇÃO

A Palavra se faz oração.

O que o texto me faz dizer a Deus?

Formular preces para suplicar, louvar e agradecer a Deus por tudo que ele tem proporcionado a cada um de nós.

- Recitar um Salmo que expresse o sentimento que está em nós (em mim).

- Meu coração, tocado assim pela Palavra de Deus, sente-se espontaneamente impulsionado à oração: louva, agradece, adora, pede perdão.

"A tua oração é a tua palavra dirigida a Deus. Quando lês, é Deus que te fala; quando rezas, és tu que falas a Deus" (Santo Agostinho).

QUARTO PASSO: CONTEMPLAÇÃO

- Qual o novo olhar que sobrou em mim, depois da Leitura Orante do texto?
- Como tudo isto me pode ajudar a viver melhor o meu compromisso de vida?
- A Leitura, a meditação e oração pertencem à busca; a contemplação é o resultado: "Buscai e encontrareis".
- Que desafios descobri para me aperfeiçoar como discípulo de Jesus? Torna-se necessário assumir um compromisso que expresse o verdadeiro sentimento da mudança de vida.

"Procure na Leitura, e encontrará na Meditação; bata em Oração e lhe será aberto em Contemplação" (São João da Cruz).

QUINTO PASSO: ENCERRAMENTO

Terminar com uma breve oração (Salmo ou um canto), agradecendo ao Senhor o que experimentou na leitura orante.

"Se a Escritura é em parte fácil e em parte difícil, é porque foi escrita para todos: os fortes e os fracos, os sábios e os simples. Em seus mistérios e por sua obscuridade, ela exercita os sábios, por seu sentido óbvio, e, graças à sua simplicidade, ela reconforta os simples.

Se buscas na Palavra de Deus algo elevado, esta Palavra Santa se eleva contigo e sobe contigo às alturas. Se buscas o sentido histórico, o típico, o moral, a Palavra Divina te dá o que desejas. Da maneira como perscrutas as Escrituras, tal se mostrará a ti o Texto Sagrado" (São Gregório Magno).

1º Tema

Caminhar juntos

Queremos, neste primeiro encontro, ajudar os responsáveis a examinar as motivações que os levaram a encaminhar a criança para essa formação religiosa, como também perceber as consequências que a iniciação à Eucaristia traz para vida da família.

Também é importante que os pais e familiares conheçam como foi pensado o itinerário de iniciação da criança e qual é o papel que lhes cabe no processo. No final do encontro recomenda-se celebrar a bênção da família, que se encontra no anexo deste livro.

PARA PENSAR

Atualmente, o sentido da vida está em primeiro lugar na lista de nossas preocupações. Ele é determinante para direcionarmos nossa vida, assumir valores, posturas e um padrão de conduta aceitável na sociedade. Necessariamente, o significado que damos à vida se relaciona diretamente à dimensão transcendente do ser humano.

É muito comum percebermos em famílias que se recusam, ou ignoram, ou não querem aprofundar a educação religiosa de seus filhos uma triste constatação: formam, muitas vezes, personalidades adultas vulneráveis, sem princípios éticos de solidariedade, de doação, de reciprocidade etc.

Não podemos considerar uma solução o adiamento da educação religiosa até a adolescência, sob o pretexto de que o próprio filho poderá optar, no momento oportuno, pela fé que melhor lhe convir.

Quando os pais ou responsáveis não aprofundam a dimensão religiosa do caráter humano de maneira crítica, conscienciosa e testemunhal, deixam o campo livre para uma indiscriminada manifestação do sagrado na vida adulta de seu filho. A insuficiência de valores na infância dificilmente será compensada nas demais fases da vida.

Posteriormente, na fase adulta, essa demanda de sentido poderá ser completada com expressões religiosas interesseiras e com finalidades duvidosas, ou então, pior ainda, o vazio provocado pela ausência de valores éticos de defesa da vida poderá ser preenchido por alternativas ilusórias e manipuladoras, como é o caso do uso das drogas, da banalização das relações afetivas etc.

Diante dessa emergente constatação, os pais e familiares não poderão alegar indiferença na educação religiosa das crianças. "Pais, no sentido autêntico da palavra, são não só os que transmitem inicialmente a vida, mas também os que cuidam dela, a alimentam e a fazem crescer até a sua plenitude. Por isso, consciente ou inconscientemente, os pais estão sempre transmitindo valores, participando da formação do caráter e da consciência dos filhos."[1]

Antes de ser uma obrigação ou apenas o cumprimento de alguns preceitos ou mandamentos, viver a fé cristã é a maior alegria que o coração humano pode alcançar. Significa, antes de tudo, ter encontrado a pérola preciosa do Reino, sentir-se amado pelo Pai, salvo em Cristo e fortalecido pelo Espírito Santo.

Se não soubermos proporcionar uma paulatina experiência de fé, na qual amadureça a personalidade cristã, deixaremos caminho aberto para que outras fontes de sentido da sociedade preencham o coração das crianças. Sem esquecer que "na família o processo de crescimento da fé brota da convivência, do clima familiar e do testemunho dos pais".[2]

---

[1] CONSELHO NACIONAL DE IGREJAS CRISTÃS DO BRASIL – CONIC. *Os casamentos interconfessionais*; uma visão teológico-pastoral. São Paulo: Paulinas, 2007. p. 14.

[2] CNBB. *Diretório nacional de catequese*. São Paulo: Paulinas, 2007. n. 299. (Documentos da CNBB, n. 84).

Postura da família

Ao encaminhar a criança para a catequese paroquial de iniciação cristã, pais e familiares serão os primeiros a se perguntarem sobre a própria vivência de fé.

Ao solicitar o Batismo para os filhos, ainda bebês, a Igreja os batizou confiando aos pais e padrinhos a educação da fé. Esta acontece primeiramente pela formação do reto caráter com relação aos valores que norteiam a vida cidadã. Ao optar pelo Batismo católico, advém a responsabilidade de educar os filhos segundo a fé da Igreja. Por isso, a Igreja sempre associou a família cristã ao itinerário de iniciação: "Pelo sacramento do Matrimônio os pais recebem a graça e a responsabilidade de serem os primeiros catequistas de seus filhos. Espera-se que seja no cotidiano do lar, na harmonia e aconchego, mas também nos limites e fracassos, que os filhos experimentem a alegria da proximidade de Deus através dos pais. A experiência cristã positiva, vivida no ambiente familiar, é uma marca decisiva para a vida do cristão".[3]

Na etapa de cultivo e amadurecimento da fé da criança, o compromisso e o envolvimento familiar são fundamentais para a catequese cumprir seus objetivos. Por isso, as atitudes religiosas praticadas em casa são as que mais calam fundo no coração da criança.

Primeiramente, "o clima familiar propício de diálogo, de perdão, de solidariedade, de oração familiar e de participação na comunidade que envolve a criança desde o ventre materno".[4] Ver um pai rezar, uma mãe que convoca a família para a oração. Ou, então, certas práticas características da família, como devoção a algum santo, missa dominical na paróquia, são as recordações que mais incentivam uma criança a manter uma vida de fé.

Talvez seja a hora de retomar antigos costumes que distinguem a família cristã.

Orar antes das refeições. Quando for possível, reunir a família ao redor da mesa para agradecer ao Pai pelos dons recebidos e

---

[3] Ibid., n. 238.

[4] Ibid., n. 239b.

pelo trabalho realizado. A mesa da família está em continuidade com a oração realizada na mesa eucarística.

Frequentar a missa dominical. Não há dia do Senhor (domingo > *dominus* > Senhor) sem a celebração da Eucaristia, na qual o Senhor se faz presente em seu sacrifício doando-se a todos: "O domingo não se distingue com base na simples suspensão das atividades habituais, como se fosse uma espécie de parênteses dentro do ritmo normal dos dias [...]; nele se faz memória da novidade radical trazida por Cristo [...]; 'viver segundo o domingo' significa viver consciente da libertação trazida por Cristo e realizar a própria existência como oferta de si mesmo a Deus, para que a sua vitória se manifeste plenamente a todos os homens através de uma conduta intimamente renovada".[5]

Atuar na comunidade. Muitos cristãos encontram sentido de sua fé participando das pastorais da comunidade paroquial ou praticando o voluntariado em alguma ONG. Há atividades mais tradicionais e não menos necessárias, como os vicentinos e o grupo da Legião de Maria, que prestam serviços aos doentes e pobres. Há também grupos com maior participação social e política, como as pastorais sociais (da mulher marginalizada, do menor, da criança etc.) e os conselhos de direitos, associações de moradores etc.

Participar da catequese própria com adultos. Especialmente convidar os pais ou responsáveis que não concluíram o caminho da iniciação, isto é, não receberam a Confirmação e/ou a Eucaristia, para que procurem a equipe coordenadora, a fim de formar um grupo específico. É muito louvável que a criança perceba o empenho e a fé com que seus familiares valorizam a vida na Igreja.[6]

---

[5] BENTO XVI. *Exortação apostólica pós-sinodal "Sacramentum caritatis".* São Paulo: Paulinas, 2007. n. 72.

[6] Para essa finalidade, recomendamos: BRUSTOLIN, Leomar A.; LELO, Antonio F. *Iniciação à vida cristã*; Batismo, Confirmação e Eucaristia de adultos. São Paulo: Paulinas, 2006.

Acompanhamento da criança

Sabemos que a educação é um processo lento de tomada de consciência das situações, acontecimentos e necessidades das pessoas que nos envolvem. Portanto, podemos avaliar a necessidade do diálogo que traz argumentos e nos faz pensar de forma diferente; como também vemos a importância de dedicar nosso tempo para desencadear na criança uma nova maneira de pensar, segundo o coração de Cristo.

O Evangelho é mestre. Ele nos oferece o manancial mais cristalino para educar, corrigir, fortalecer, encorajar e encher de esperança e de ideal o coração de toda pessoa. Rever com a criança o tema experienciado no grupo de catequese será a ocasião propícia para educar o coração, a índole e a vontade daquela que começa a ver em Cristo a forma acabada do amor e da plenitude do ser humano.

Uso da Bíblia

Todo encontro da criança se desenvolverá ao redor da proclamação ou leitura orante de um texto motivador da Escritura. Sabemos como usar a Bíblia? É importante que em casa se retome o texto trabalhado no grupo de catequese e que se aprofunde a passagem bíblica em clima de diálogo e questionamento sobre as relações que se estabelecem na família.

Conhecemos o conteúdo e a finalidade da Bíblia. Trata-se da história da vida do Povo de Deus. Ela é alimento da vida cristã e mestra da verdade. Devemos saber utilizá-la em casa como fonte de iluminação, traduzindo-a para o olhar do catequizando.

Dos 8 aos 10 anos a criança caracteriza o mundo à sua volta, é curiosa e conserva na memória valores e atitudes. Um efetivo trabalho catequético acolhe a essência dessa idade e abre a Bíblia às curiosidades da infância. A cada passagem trabalhada, deve-se orientar a criança a pensar em exemplos de como agir ou não em uma determinada situação nos dias de hoje.

É importante que em toda passagem bíblica as palavras de difícil compreensão sejam substituídas para facilitar o entendimento. À criança pode ser apresentada a estrutura do Livro

Sagrado, seus livros, capítulos e versículos, mas não é isso que a fará conhecedora da Palavra. Ela pode não saber encontrar uma passagem bíblica, porém, quando questionada, necessita saber refletir sobre a mensagem e colocá-la em prática. Encontra-se, aí, o sentido formador da catequese: motivar o catequizando a pensar e a viver a Palavra, integrando algo novo ao que ele já sabe.

Máximo cuidado deve ser dispensado à valorização e ao desenvolvimento das atitudes de escuta e de acolhida da Palavra proclamada na celebração litúrgica, local em que acontece a realização da Palavra, que não volta ao Pai sem ter cumprido a sua missão (cf. Is 55,10-11). E quando são proclamadas as Escrituras na Igreja, é o mesmo Cristo quem as lê para nós.

Celebração

A liturgia, por sua vez, tem na catequese lugar especial, pois é nela que a criança percebe as manifestações dos ritos e constrói a sua identidade de fé. Na catequese, anunciamos a natureza celebrativa do mistério da Santíssima Trindade em toda a criação.

Durante todo o percurso catequético, pouco a pouco, vai-se descobrindo a linguagem dos ritos, símbolos, gestos e posturas utilizados numa celebração, os quais possuem um significado próprio, fundamentado na Bíblia. Por isso, devem ser interiorizados e realizados com calma: "[As crianças] experimentem, segundo a idade e o progresso pessoal, os valores humanos inseridos na celebração eucarística, tais como: ação comunitária, acolhimento, capacidade de ouvir, bem como a de pedir e dar perdão, ação de graça, percepção das ações simbólicas, da convivência fraterna e da celebração festiva".[7]

A catequese conduz o batizado à participação plena, ativa e frutuosa na liturgia. Ajudar o catequizando a fazer a experiência dos símbolos e gestos celebrados faz parte de uma educação que leva a criança não apenas a experimentar os sinais tão simples e tão humanos da liturgia como elementos deste mundo, mas

---

[7] CONGREGAÇÃO PARA O CULTO DIVINO. *Diretório para missas com crianças.* São Paulo: Paulinas, 1977. n. 9. (Documentos da CNBB, n. 11).

também a ler com os olhos da fé para perceber as realidades divinas que eles comunicam.

A catequese prepara a criança ao contato direto com a graça de Deus nas celebrações; para relacionar-se filialmente com o Pai e unir-se à oferta de Jesus, oferecendo, pessoalmente, a sua própria vida. *Por isso, é de suma importância a participação dos catequizandos e de sua família na missa dominical.*

Vivência

A catequese e a celebração litúrgica estão endereçadas para a vivência da fé, isto é, para o testemunho cristão, ou para o culto espiritual que acontece com a doação, a oblatividade e a renúncia para o mundo. "Toda formação litúrgico-eucarística, feitas as devidas ressalvas, deve ser sempre orientada para que a vida das crianças corresponda cada vez mais ao Evangelho".[8]

Os encontros apresentam atitudes a serem desenvolvidas ao longo do percurso catequético. Os pais e/ou familiares, colaboradores indispensáveis na caminhada, deverão dedicar algum tempo da semana para dialogar com a criança, sempre a partir do texto bíblico, e praticar a vivência cristã. Espera-se uma conversão progressiva, autêntica e convicta.

Todo o trabalho realizado na catequese deve priorizar a vida em comunidade. É nela que se realiza a compreensão dos fundamentos da fé, dos valores que somente podem existir na presença do outro: o amor, a esperança e a caridade. É preciso apresentar às crianças o trabalho que a comunidade realiza – visitas, festividades, celebrações, reuniões, trabalhos pastorais – para aguçar-lhes a curiosidade de conhecer e a vontade de participar.

A Igreja sempre entendeu a iniciação cristã como uma tarefa que compete a toda a comunidade. Por ocasião da celebração dos sacramentos do Batismo, Confirmação e Eucaristia, tradicionalmente na Vigília Pascal, toda a comunidade renova os compromissos batismais. Segundo a tradição catecumenal (sistema de iniciação cristã de adultos), os passos de compromisso durante a

---

[8] Ibid., n. 15.

preparação batismal para aquele que pede o sacramento são todos eles acompanhados por toda a comunidade.

Esse modo de proceder da Igreja nos ensina que a iniciação cristã é coisa séria. Sempre estamos sendo iniciados na fé e há muito para aprender. A criança se prepara para experienciar a graça da Eucaristia e, sob a força do Espírito Santo, irá modelar sua forma de vida segundo os ensinamentos de Jesus.

É fundamental que os responsáveis acompanhem a vivência escrita no livro da criança de cada encontro ou estejam *em contato com os catequistas. O exercício de vivência cristã, unido à leitura bíblica, busca desenvolver a consciência cristã e a aquisição de hábitos correspondentes. As sugestões são dadas de forma ampla, justamente para provocar a análise das situações e atitudes cotidianas, e levar a hábitos e costumes mais evangélicos.*

PARA APROFUNDAR

1) Como viver a fé em família de modo a superar o famoso dualismo "faça o que eu digo, mas não o que faço"?

2) Quais são as atitudes de fé mais comuns na minha família?

3) A missa dominical é uma obrigação ou o ponto central da convivência familiar na semana?

4) Como pretendemos acompanhar e ajudar nossos filhos a percorrer o itinerário da Eucaristia?

Obs.: No final do encontro, o sacerdote ou um(a) catequista poderá dar a bênção da família.

2º Tema

Por que ter religião?

O ser humano indaga pelo sentido da vida diante da experiência do mal e da morte e, também, dos acontecimentos que não consegue dominar. Surgem, assim, as diferentes formas religiosas de responder ao que lhe ultrapassa. Diante desses questionamentos apresentamos os elementos específicos da fé cristã.

Essa abertura do ser humano para o transcendente nos leva a valorizar as diferentes expressões religiosas ao assumir o diálogo inter-religioso com os não cristãos.

PARA PENSAR

A religião nasce de múltiplas experiências humanas, vejamos a seguir.

Da experiência do limite

Em primeiro lugar o ser humano faz experiência de sua própria fragilidade e fraqueza diante dos perigos que ameaçam sua existência. Ele sente a necessidade de proteção, pois, sozinho, não encontra forças para superar as adversidades.

A experiência de finitude nos leva ao desejo de ultrapassar os próprios limites e, sobretudo, o limite imposto pela morte. Onde poderemos encontrar a vida "imortal"? Isso representa um enorme problema: morremos como todos os outros animais, mas, diferentemente deles, tomamos consciência do drama de nossa morte que nos chega como um fato inelutável e se choca com o nosso profundo desejo de viver.

A experiência da finitude propõe o dilema religioso como fundamental ao ser humano. Surge assim a intuição de uma vida além da morte, uma vida junto de Deus ou de deuses imortais, num lugar que imaginamos ser de felicidade e paz. Com efeito, a religião se apresenta como promessa de liberdade, de plenitude de vida e de superação da morte.

Estupor

Diante da maravilha e do estupor dos fenômenos grandiosos e terríveis da natureza, como os tsunamis, a erupção vulcânica, o descongelamento dos polos, damo-nos conta da precariedade da existência sempre ameaçada e de que na origem destes fenômenos está uma Potência que infinitamente vai além de nossas forças de controle.

Vazio

Experimentamos o vazio, a falta de sentido, quando tomamos consciência de nós mesmos e de nossos limites. Um vazio que nenhuma realidade terrestre pode preencher. Esta experiência abre a mente e o coração Àquele que pode preenchê-lo: o Infinito, seja qual for o nome que se lhe dá.

Da aspiração à verdade

À diferença dos outros seres viventes, mesmo sendo finito, o ser humano mostra uma abertura para o infinito. Enquanto os animais, uma vez satisfeitas suas necessidades básicas de vida e bem-estar, não pedem mais nada, o ser humano, mesmo quando as têm satisfeitas, não se contenta e vai além buscando outros caminhos, pois quer ser e ter sempre mais. Tal insatisfação dá origem à história com seus progressos e realizações.

A inteligência, a faculdade pela qual a pessoa conhece a realidade, nunca se sacia, sempre busca a verdade em sua totalidade. Isso só é possível com a existência de uma Realidade infinita: há no ser humano "um abismo infinito que não pode ser preenchido se não por um objeto imutável, quer dizer, por Deus".[1]

Essa exigência de infinito desperta a sensibilidade religiosa: para sermos felizes e nos realizarmos plenamente, temos necessidade de Deus, infinita Verdade e infinito Bem. O coração, como diz santo Agostinho, está inquieto; tudo é sempre pouco, nada nos satisfaz completamente.[2] Não poucas vezes, não conseguimos dar um nome a essa sede, pois não chegamos a decifrar o sentido e a natureza dessa inquietude que nasce das próprias raízes da existência humana. É a própria estrutura do ser humano que coloca o problema de Deus: esse desejo de absoluto só pode ser chamado *Deus*. Nesse sentido, Deus não é estranho ao ser humano, ao contrário, é mais íntimo do que a sua própria consciência.

Além de realizar as aspirações mais profundas do ser humano, a religião revela o sentido da vida. A pessoa que alcançou certa maturidade se pergunta: "Quem sou eu? De onde venho e para onde vou? Que sentido tem a vida. Por que o sofrimento, a morte e o mal na história humana?". Nem a ciência, pois esta estuda o que se relaciona com os sentidos, nem a filosofia, pelas respostas insuficientes que tem dado ao longo da história, podem dar uma resposta satisfatória.

Estudiosos, como Marx e Freud, consideram a religião como uma projeção das necessidades e desejos humanos. Trata-se de neuroses e de sonhos coletivos que permitem expressar os conteúdos inconscientes. As nossas relações com os deuses representam relações com imagens parentais: sentimo-nos desamparados, com medo de sermos castigados, não amados, não aceitos, e os deuses suprem estas situações; sendo assim, a união com o divino nos faz regressar ao estado de segurança conhecido na infância ou mesmo no útero.

Doutrinas religiosas como "vida eterna" e suas "recompensas" são ilusões, isto é, pensamentos criados por desejos que respondem às nossas necessidades de consolo e de justificação. É o esforço de retratar o mundo como desejamos que ele fosse. Mas, para Jung,

---

[1] Pascal, *Pensamentos*, n. 300.

[2] Cf. *Confissões*, 1,1,1.

psicanalista suíço, a religião não é uma sublimação dos instintos, mas uma experiência originária enraizada no mais profundo do ser humano.

O estudo da manifestação religiosa mostra que se trata de experiências profundamente humanas, que dizem respeito à nossa própria natureza. A dimensão religiosa se apresenta como um componente da personalidade, que não pode ser liquidado por algumas frases de efeito e *slogans*, e como tal, deve ser estudado com a seriedade devida à dignidade humana.

Ao longo da história humana, apareceram algumas pessoas que fizeram uma experiência espiritual profunda, que conseguiram comunicá-la ao próprio povo, mudando sua história: são os fundadores das religiões, como, por exemplo, Buda, Moisés, Maomé e outros que iluminaram o caminho da humanidade. No meio de tantas religiões que surgem diante das interrogações da existência humana, qual é o lugar e o sentido da religião e da fé cristã? Todas as religiões são iguais e tanto faz seguir uma quanto outra? A religião cristã parte destas experiências próprias do ser humano, mas apresenta elementos particulares que lhe dão uma identidade específica, entre eles a Revelação.

Revelação, esta é a questão que nos leva à compreensão da religião cristã. Na realidade, somente uma revelação de Deus pode esclarecer a profundidade do mistério do ser humano. Essa revelação não somente esclarece que o ser humano vem de Deus e é destinado a se encontrar com ele, mas o liberta da angústia do mal e da morte. É o que acontece com a religião judaico- -cristã. E isso faz com que o cristianismo não seja uma religião que parta do esforço humano para encontrar Deus, mas que, sobretudo, seja uma *Revelação*, pois é o próprio Deus que vem ao nosso encontro e se manifesta, comunica-se.

A fé cristã encontra suas raízes no monoteísmo hebraico: a fé num Deus único, pessoal e Criador. E quais são as origens do monoteísmo? A resposta é cortante: vem do próprio Deus! Após milhares de anos da história humana, surge Abraão e depois, por volta de 1250 a.C., aparece Moisés. Ele recebeu a revelação de Deus. O início desta revelação, única na história da humanidade, se encontra em Êxodo 3, onde a divindade se dá o nome de IAHWEH = "Eu sou aquele que sou e que serei", resposta que revolucionará a história das religiões e das civilizações. Neste episódio narrado no livro do Êxodo, afirma-se claramente que Deus não recebe um nome, mas ele se dá um nome e revela o seu nome. Isso significa que a paternidade de Deus não é uma projeção de um pai ideal no qual o ser humano se refugia pela necessidade de ser acolhido amado e perdoado.

Dentro da história da fé monoteísta do hebraísmo, nasce o cristianismo. E, mais uma vez, é o próprio Deus a intervir, mais uma *Revelação*: o Filho de Deus vem ao encontro da humanidade encarnando-se em Jesus de Nazaré, verdadeiro Deus e verdadeiro homem, que continua intrigando a inteligência humana, pois a Encarnação se apresenta como o maior evento da história da humanidade.

A ESPECIFICIDADE DO CRISTIANISMO

O cristianismo possui uma especificidade que consiste em dois elementos – mistérios – próprios e exclusivos que são inalcançáveis pela razão humana, mas que são conhecidos exclusivamente pela revelação pessoal de Deus: o *mistério trinitário* e a *encarnação*.

O monoteísmo cristão não é *solitário*, mas *trinitário*. O Deus cristão é um Deus pessoal com o qual o homem pode estabelecer o diálogo "Eu-Tu", que permite entrar em comunhão de amor até se tornar *um com o Pai e com o Filho no Espírito Santo* (cf. Jo 17,2-23), sem perder sua identidade e personalidade.

O Deus dos cristãos é revelado por Jesus Cristo como *Pai*. Jesus fala do "meu Pai" e, aos discípulos, do "vosso Pai", os quais são convidados a rezar chamando-o de "Pai nosso". A *denominação de Deus como "Pai" é própria do cristianismo*. Jesus o revelou, de modo que não se trata de uma denominação, de um atributo, mas de uma *invocação*, que o cristão faz chamando Deus de pai.

A fé em Deus-Trindade é outro elemento *específico* do cristianismo: Deus se autorrevela e se autocomunica como um só Deus (única substância, ou Natureza divina) em três Pessoas (Pai, Filho e Espírito Santo), iguais pela divindade e diferentes pela forma como possuem esta divindade: o Pai como Princípio e fonte do seu Verbo por Ele gerado, o Filho como Verbo gerado pelo Pai; o Espírito como comunhão de unidade e de amor do Pai e do Filho e do Filho com o Pai: o Espírito é o "nós" do Pai e do Filho. Esta Uni-Trindade de Deus é conhecida somente por revelação.

A razão humana pode acolher tal mistério somente por uma adesão confiante e amorosa a Deus, suprema Verdade que não pode enganar-se nem enganar. Mas, diante do Deus Trindade, devemos adorar em silêncio e amar, pois somente o amor é capaz de penetrar no mistério de amor trinitário.

A Encarnação é o outro elemento *específico* do cristianismo, que constitui um escândalo para a razão humana: o Filho eterno de Deus, segunda Pessoa da Trindade, na figura histórica de Jesus Cristo de Nazaré, assume um corpo humano. Permanecendo plenamente em sua condição divina, ele assume plenamente a natureza humana, não em forma transitória, mas definitiva. Em Jesus de Nazaré há uma só pessoa (o Filho de Deus) e duas naturezas (a divina e a humana), não separadas nem divididas, nem confusas, de modo que há um só sujeito: o "eu" do Filho de Deus que age.

Depois da encarnação, Jesus tornou-se um "sinal" impossível de se evitar. Depois de tê-lo encontrado, ninguém consegue ficar indiferente, pois, na relação com ele, algo de profundamente significativo acontece.

A revelação cristã apresenta-se como a realização dos anseios, aspirações e promessas do hebraísmo. Mostra, de um lado, o esforço do ser humano de encontrar Deus e, de outro, a iniciativa de Deus de encontrar o ser humano. Neste encontro, ao mergulharmos na vida de Deus, mantemos nossa identidade e personalidade.

Eis a diferença entre as religiões e o cristianismo. Mais do que uma "religião", que se define como esforço do ser humano que busca Deus, o cristianismo se apresenta como uma "revelação", Deus que vem ao encontro do ser humano.

DIÁLOGO INTER-RELIGIOSO

Um dos fatos mais importantes do Concílio Vaticano II (1962-1965) foi o reconhecimento da liberdade de consciência com a Declaração *Dignitatis humanae* e, diante disso, a valorização das outras religiões, dedicando explicitamente a este tema a Declaração *Nostra Aetate*, sobre as relações da Igreja com as religiões não cristãs.

O Concílio Vaticano II afirma: "A Igreja Católica nada rejeita do que é verdadeiro e santo nestas religiões [...]. Ela considera com sincero respeito aqueles modos de viver e de agir, aqueles preceitos e doutrinas que, mesmo sendo diferentes em vários pontos daquilo que ela acredita e propõe, não raro refletem um raio daquela Verdade que ilumina todos os homens. Ela, porém, anuncia e deve anunciar incessantemente Jesus Cristo, que é 'o caminho, a verdade e a vida', na qual os homens encontram a plenitude da vida religiosa na qual Deus reconciliou consigo todas as coisas...".

E conclui: "Eis por que a Igreja exorta os seus filhos a que, com prudência e caridade, por meio do diálogo e da colaboração com os membros de outras religiões, e sempre dando testemunho da fé e da vida cristã, reconheçam, conservem e façam progredir os bens espirituais, morais e os valores socioculturais que nelas se encontram".[3]

"O pluralismo das religiões não é algo problemático ou um mal a eliminar. É uma atitude de abertura aos dons que Deus

---

[3] CONCÍLIO VATICANO II. *Nostra Aetate*; sobre as relações da Igreja com as religiões não cristãs, 2.

oferece à humanidade. É aceitação da riqueza multiforme do próprio Deus."[4]

PARA APROFUNDAR

1) Como nasce uma religião? Por que o homem é religioso no seu ser constitutivo mais profundo?

2) Por que a religião e a fé são importantes para o ser humano?

3) A consciência e prática da fé diminuem a liberdade e a autonomia do ser humano?

4) Quais horizontes a fé abre para a nossa vida?

---

[4] WOLFF, Elias. *Unitatis Redintegratio. Dignitatis Humanae. Nostra Aetate.* Textos e comentários. São Paulo: Paulinas, 2012. p. 14.

A fé na Bíblia e na vida

3º Tema

Todo domingo nos encontramos para celebrar a Eucaristia, o coração de nossa fé, e, depois de ter ouvido a Palavra de Deus e a explicação do presidente da celebração na homilia, fazemos num "só coração e numa só alma" (At 4,32) a profissão de fé: *Eu creio...* Sim, porque sem fé não podemos aproximar-nos de Deus.

A *fé*! Por ela nos tornamos agradáveis aos olhos de Deus. Por ela temos acesso ao abraço paterno de Deus, à amizade de Jesus, e somos transformados em filhos pelo Espírito Santo. Assim, entramos na Igreja para fazer parte da família de Deus, com a missão de expandir e ser testemunha do amor do Pai que não hesita em "entregar o seu Filho único, para que todo o que nele acredita não morra, mas tenha vida eterna" (Jo 3,16). Confessamos sinceramente a nossa fé com a convicção de tê-la recebido da Igreja e de ser a razão de nossa alegria em Jesus Cristo.

Nós, como os Apóstolos, sentimos a necessidade da fé e da segurança que vem dela. Diante da súplica dos discípulos: "Senhor, aumenta a nossa fé", Jesus responde: "Eu lhes garanto: se vocês tiverem fé como uma semente de mostarda, podem dizer a esta montanha: 'Vá daqui para lá', ela irá. E nada será impossível para vocês" (Mt 17,20).

Antes de tudo, *crer* não é concordar com a demonstração clara de um projeto sem problemas. Não se crê em algo que se possa possuir e modificar conforme seu gosto pessoal. Crer é confiar em alguém; significa colocar a própria vida nas mãos de outro, para que ele seja o único, o verdadeiro Senhor. Crê quem se deixa ser guiado pelo Deus invisível; quem aceita ser possuído por ele numa escuta obediente e dócil. Ter fé é se render, se abandonar e acolher Deus que primeiro nos busca e se doa. Fé não é posse, garantia e segurança humanas. Como dizia o filósofo, crer é "ouvir a voz que grita: joga-te, eu te segurarei em meus braços!". Mas, mesmo assim, crer não é um ato contrário à razão humana, como se a fé impedisse a autonomia, a liberdade e a emancipação do ser humano.

A razão moderna pretende tornar o homem adulto sujeito da própria história e livre de qualquer realidade que não esteja no horizonte terrestre. Segundo este modo de pensar, é hora de emancipar a pessoa, isto é, de reconduzir o mundo e todas as relações humanas ao próprio ser humano, pois, à medida que a ciência e a organização social resolvem os problemas existenciais, a fé se torna supérflua. Assim, a humanidade sai de sua infância e ingressa na idade adulta tomando o destino nas próprias mãos.

Hoje, a fé está submetida a uma série de interrogações, fruto de uma mentalidade que limita as certezas humanas somente ao mundo das conquistas científicas e tecnológicas. A modernidade ocidental que nasceu do cristianismo se volta contra ele e contra todo o Sagrado. E este fenômeno, que nasceu entre os letrados, hoje está presente em todas as camadas da sociedade. Mas como afirma o Papa Bento XVI, "A Igreja nunca teve temor de mostrar como entre fé autêntica e ciência não pode existir conflito, pois ambas, mesmo se por vias diversas, tendem à verdade".[1]

Estamos diante de dois fenômenos opostos: a contestação de qualquer religião e um multiplicar-se de denominações religiosas. Gente indiferente e até mesmo hostil à religião, e o retorno do religioso numa multiplicidade de formas e expressões. Neste ambiente, qual é o sentido da fé?

ANTIGO TESTAMENTO

A fé é uma atitude interior daquele que crê e se apresenta como entrega religiosa de toda a pessoa, adesão total, não simplesmente adesão intelectual ou obediência moral. Em nossa língua, *crer* se diz tanto de uma opinião incerta (eu acho, eu

---

[1] BENTO XVI. Carta apostólica *A porta da fé*. São Paulo: Paulinas, 2011, n. 12.

creio, eu penso) quanto de uma adesão firme (tenho certeza). Na Bíblia trata-se deste segundo sentido. A ideia de base da fé é a de firmeza e de persuasão.

No Antigo Testamento temos dois sentidos da fé:

- *Fiar-se em Deus*. O verbo crer aparece pela primeira vez em Gn 15,6: "Depois Javé conduziu Abraão para fora e disse: 'Erga os olhos ao céu e conte as estrelas, se puder'. E acrescentou: 'Assim será a sua descendência'. Abraão acreditou em Javé, e isso lhe foi acreditado como justiça". Diante de uma grande promessa, Abraão creu em Javé. Quando a fé de Abraão é submetida à prova com o pedido de sacrificar o seu filho – o filho da promessa! –, ele a vive na obediência e na confiança (Gn 22,1-8). Fé, confiança e obediência estão estritamente ligadas. Mesmo sendo adesão a Deus, a fé só é possível à medida que Deus se faz conhecer.

- *Fiar-se nos homens de Deus*. Deus fala e se manifesta pelos seus profetas: os enviados de Deus devem ser cridos, pois, aceitando a mediação deles, o crente entra numa comunidade de fé.

No Novo Testamento o conceito de fé tem nuances próprias nos diferentes escritos. Os Evangelhos Sinóticos mostram como a fé está no centro da pregação de Jesus e colocam em relevo seu lugar fundamental na vida. À pessoa por ele curada, Jesus diz "Foi a fé que te salvou" (Mt 9,22; Lc 7,50), e "tudo é possível àquele que crê" (Mc 9,23). A necessidade da fé em Jesus Cristo e naquele que o enviou para a salvação é afirmada com clareza pelo próprio Jesus: "Quem acreditar e for batizado será salvo" (Mc 16,16).

Nos escritos de João, a fé se relaciona diretamente com a pessoa de Jesus: se fala claramente de "crer nele" (Jo 2,11; 3,16.18). O próprio Jesus convida a isso (Jo 14,1), acrescentando que crer nele é crer naquele que o enviou (Jo 12,44), e que a fé estabelece, entre o crente e ele, uma relação interpessoal e uma interioridade recíproca (Jo 15,15). Temos aqui também, como no Antigo Testamento, a fé como *fiar-se nos homens de Deus*, neste caso do enviado por excelência de Deus, o próprio Filho feito homem, Jesus de Nazaré. A fé é estimulada pelos sinais que Jesus oferece. A própria finalidade de escrever o evangelho é a de levar os leitores à fé em Jesus Cristo (Jo 20,31), mas feliz daquele que acredita sem se deixar condicionar pelos sinais (Jo 20,29).

Também nas cartas de São Paulo predomina o aspecto interpessoal da fé: *Cristo vive no crente* (Gl 2,2; Ef 3,17), o crente *está em Cristo* (2Cor 5,17; Fl 3,9), e *está crucificado com ele* (Gl 9,19; Rm 6,6), para *viver com ele ressuscitado* (Rm 6,4.11).

A Carta aos Hebreus apresenta Jesus Cristo como o grande sacerdote que é *digno da nossa fé* nas relações com Deus (Hb 2,17; 3,2); alerta contra a desastrosa falta de fé (Hb 3,12-19); convida a uma plenitude da fé (Hb 10, 22); faz um esplêndido elogio dos grandes homens de fé (Hb 11,1-40), pois "sem fé é impossível agradar a Deus" (Hb 11,6).

A fé é, então, um acontecimento que concerne à pessoa toda e lhe permite entrar no universo da aliança com Deus: é um encontro pessoal e comunitário com Jesus Cristo, reconhecido como Deus que vem, salva e reúne.

A fé é a atitude de sair de si mesmo para buscar apoio em Deus, que se oferece como fundamento da existência humana. Neste sentido, a fé não é acomodação, ela nos desinstala, nos faz contestar o presente como insuficiente, apresentando-se como resposta às grandes questões da vida.

Crer é uma maneira própria de conhecer, participar da vida de Deus. A fé, então, é um salto, como dizia Pascal, mas um salto justificado. Daí as dúvidas, e a Bíblia está cheia de grandes pessoas que passaram pelas dúvidas da fé. Mas, se o cristianismo não for pura ilusão, nossa fé em Deus será capaz de suportar qualquer dúvida. Ter fé significa confiar-se, crer nele mesmo quando as esperanças e certezas vacilam. Pois a fé "não é uma entrega diante de uma evidência, mas uma resposta livre diante de um chamado. Existem sempre motivos ponderáveis para recusá-la e o fato de que existem ateus é prova que Deus age de uma forma discreta, não se impõe nem violenta o ser humano".[2]

UMA VIA COM DUAS MÃOS

Pela Revelação, Deus rompe o nosso silêncio e a nossa solidão com sua *proposta de comunhão*. A fé se apresenta, então, como graça, como dom. É Deus que toma a iniciativa de uma relação pessoal: pela fé somos chamados à comunhão. *A nossa resposta* consiste na abertura do coração num dar-se, confiar-se, entregar--se a ele, até poder afirmar com São Paulo "Eu vivo, mas já não sou eu que vivo, pois é Cristo que vive em mim" (Gl 2,20), com a certeza de que "sei em que pus minha fé" (2Tm 1,12). Crer é entregar a própria vida: "Eis a escrava do Senhor, faça-se em mim segundo a tua palavra" (Lc 1,38), é abandonar-se nas mãos do Pai numa atitude de profunda, total e extrema confiança: "Pai, em tuas mãos entrego o meu espírito" (Lc 23,46).

Se a fé é um dom que exige uma resposta confiante, ela é também tarefa que se relaciona com a práxis, segundo a famosa e desafiante expressão de Tiago: "A fé sem obras, ela está completamente morta" (Tg 2,17). A fé se apresenta como graça e tarefa. Tarefa que se explicita no amor: "Amai-vos uns aos outros como eu vos amei" (Jo 13,34; 15,12), onde aquele "como eu" sinaliza a cruz, pois "não existe amor maior do que dar a vida pelos amigos" (Jo 15,13).

A caridade é o modo de Deus amar, é o próprio amor de Deus, é a Pessoa que chamamos Espírito Santo, o Amor que une o Pai e o Filho: é neste amor que fomos batizados. Por isso, o amor é o que dá valor a nossa vida. O amor é a fé que se tornou ação, é a síntese da nossa fé num Deus de amor. Sem o amor é impossível abrir o cofre dos pensamentos e do coração de Jesus.

O Deus do Antigo Testamento é um Deus que ama de maneira intensa e profunda, como o pai ama seus filhos e o esposo,

---

[2]   ARMELLINI, Fernando. *Celebrando a Palavra*. Ano B. 4. ed. São Paulo: Ave Maria. pp. 164-165.

sua esposa. E o mais surpreendente é que esse amor de Deus não depende do fato de que nós o mereçamos ou não: ele é pura, profunda, generosa e total gratuidade. A grandiosidade e o tudo desse amor podem ser resumidos pelas singelas palavras: "Eu amo vocês" (Ml 1,1). E a confiança neste amor é tão grande que faz o salmista entregar-se a Deus "como uma criança desmamada no colo da mãe" (Sl 131(130),2)

No Novo Testamento, em Jesus e por Jesus o amor de Deus alcança o impensável: ele é o Pai que "faz nascer o sol sobre maus e bons, e a chuva cair sobre justos e injustos" (Mt 5,45). Ele é, sobretudo, aquele que usa de misericórdia (Mt 5,16), perdoa (Mc 11,25), é capaz de fazer festa porque encontrou a ovelha que se desgarrou (Mt 18,12-14; Lc 15,3-7) e o filho que se tinha perdido (Lc 15,11-32). Ele é o Misericordioso (Lc 6,36) que exige misericórdia (Mt 9,13): nisso a nossa fé se torna ação.

O amor de Deus se manifesta de modo especial na pessoa e na ação de Jesus. Ele é "o Filho predileto" (Mc 12,6) enviado ao mundo para levar o seu amor e o perdão. Por isso Jesus ama e acolhe de maneira especial os pobres, os doentes, os pequenos, os pecadores.

No Novo Testamento, o amor é o próprio nome de Deus, como afirma João (1Jo 4,8.16). Para São Paulo, o que caracteriza o Pai é o amor, pois enquanto a "graça" é do Filho, a "comunhão" é do Espírito, o "amor" é do Pai (Cor 13,13), por isso é chamado o "Deus do amor" (2Cor 13,11), e o cristão é um "amado por Deus" (Rm 1,7). Em Deus tudo é amor, e o amor é de Deus (1Jo 4,7), e a encarnação é o sinal mais alto deste amor (1Jo 4,9; Jo 3,16), de modo que o próprio cristianismo tem sua origem no amor. Se Deus é amor, o amor é o sentido da vida e da fé do cristão.

Diante desta realidade há uma consequência radical: se o amor é constitutivo de Deus, significa que o batizado, mergulhado no coração de Deus, na sua mais profunda essência é amor; é dom de si para os outros, de tal modo que viver no amor é a maneira mais autêntica de se realizar como pessoa, como Jesus, homem perfeito, foi o "homem pelos outros", para Deus Pai e para os homens. O amor se revela assim como a chave da fé cristã, a vocação do batizado. Ter fé é entregar-se a este amor e viver dele.

PARA APROFUNDAR

Ler a experiência abaixo e confrontar com outras experiências dos participantes do grupo.

A experiência que transforma

É notável a experiência de fé que o Sr. Arlindo Marques realizou, depois de levar às últimas consequências a contínua ingestão de bebida alcoólica. A fé, aliada ao profundo desejo de cuidar de sua família, o fez perceber a ação providente de Deus em seu caminho. O relato da experiência é vivo e traz o calor da transformação operada na vida dele.

"Aos 18 anos vim para a cidade de São Paulo, depois que deixei Garanhuns-PE. Aqui me casei e atualmente tenho três filhas e dois netos.

Aos 27 anos viajei para visitar minha mãe e já era alcoólico. Logo que retornei, um dia, a caminho do açougue, sofri uma crise resultante da intoxicação da bebida. Eram 9 horas da manhã, e levaram-me ao hospital, aonde cheguei em estado de coma. Nesta situação já não me sentia mais neste mundo, vi uma luz e, num relance, pedi a Deus e a Nossa Senhora Aparecida perdão pelo que vinha fazendo aqui na terra, e também a minha vida de volta para poder cuidar da minha filha com 11 meses e da minha mulher, então grávida de dois meses.

Acordei somente às 17 horas e vi minha esposa chorando com a criança no colo e o médico lhe dizendo que, se o socorro tivesse demorado mais cinco minutos, eu já teria partido deste mundo. Em seguida, me avisou que parasse de beber, senão ficaria preso numa cadeira de rodas ou iria direto para o cemitério. Mas, a essa altura, eu já tinha feito a minha promessa.

Depois de um ano fui à [cidade de] Aparecida, comprei uma dúzia de rojões e participei da santa missa, na qual agradeci muito pela graça alcançada.

Voltei lá muitas vezes. Sempre que posso, retorno para agradecer, pois há vinte e cinco anos não provo mais o álcool."

As experiências que passamos na vida são definitivas para formar o nosso caráter, valores e convicções. A experiência do Sr. Arlindo é suficiente para ele testemunhar sua fé cristalina num Deus providente, misericordioso e paterno. Leva-o a reconhecer sua fragilidade e a se abrir para o mundo espiritual. Decididamente, os frutos de sobriedade e perpétua ação de graças comprovam a passagem de Deus em sua vida.

Celebração de abertura da catequese

Objetivo

Celebrar Deus que acolhe o compromisso da comunidade, dos familiares e dos catequizandos de aprofundar e se comprometer com as bem-aventuranças de Cristo e viver a doação e a prática do bem comum.

(Convém que o rito de abertura seja realizado após a homilia de uma celebração eucarística dominical, na presença das famílias e de toda a equipe de catequistas.)

Saudação e exortação

Quem preside saúda cordialmente os candidatos. Dirigindo-se a eles e a todos os presentes, expressa a alegria e a ação de graças da Igreja e lembra a necessidade de promover uma educação cristã autêntica a partir do testemunho da vida familiar e da colaboração de toda a comunidade.

Diálogo

Quem preside: N., o que vocês querem ser?

A criança: Quero ser cristão.

Quem preside: Por que vocês querem ser cristãos?

A criança: Por que creio em Jesus Cristo.

Quem preside: Que dará a fé em Cristo?

A criança: A vida eterna.

Quem preside: Como vocês já creem em Cristo e querem receber o Batismo, vamos acolhê-los com muita alegria na família dos cristãos, onde cada dia vão conhecer melhor a Cristo. Conosco, vão procurar viver como filhos e filhas de Deus, conforme Cristo nos ensinou. Devemos amar a Deus de todo o coração e amar-nos uns aos outros assim como ele nos amou.

ADESÃO

Quem preside: A vida eterna consiste em conhecermos o verdadeiro Deus e Jesus Cristo, que foi enviado por ele. Após ressuscitar dos mortos, Jesus foi constituído, por Deus, Senhor da vida e de todas as coisas, visíveis e invisíveis. Se vocês querem ser discípulos deles e membros da Igreja, é preciso que sejam instruídos em toda a verdade revelada por ele, aprendam a ter os mesmos sentimentos de Jesus Cristo, procurem viver segundo os preceitos do Evangelho e amem o Senhor Deus e o próximo como Cristo nos mandou fazer, dando-nos o exemplo. Cada um de vocês está de acordo com tudo isso?

A criança: Estou.

Diálogo com os pais e a assembleia

Quem preside (voltando-se para os familiares, interroga-os com estas palavras ou outras semelhantes): "Vocês, pais, familiares e amigos, que nos apresentam agora estas crianças, estão dispostos a ajudá-las a encontrar e seguir o Cristo?".

Todos: Estamos.

Quem preside: Estão dispostos a desempenhar sua parte nessa preparação?

Os pais: Estamos.

Quem preside (interroga todos os presentes, com estas palavras ou outras semelhantes): Para continuarem o caminho hoje iniciado, estas crianças precisam do auxílio de nossa fé e caridade. Por isso, pergunto também a vocês, seus amigos e companheiros: Estão vocês dispostos a ajudá-las a se aproximarem progressivamente do Batismo?

Todos: Estamos.

Quem preside (de mãos unidas, diz): Pai de bondade, nós vos agradecemos por estes vossos filhos e filhas que de muitos modos inspirastes e atraístes. Eles vos procuraram e responderam na presença desta santa assembleia ao chamado que hoje lhes dirigistes. Por isso, Senhor Deus, nós vos louvamos e bendizemos.

Todos respondem, dizendo ou cantando: Bendito seja Deus para sempre.

ASSINALAÇÃO DA FRONTE E DOS SENTIDOS

Quem preside: Queridos catequizandos, entrando em comunhão com nossa comunidade, vocês experimentarão nossa vida e nossa esperança em Cristo. Agora vou, com seus catequistas, assinalá-los com a cruz de Cristo. E a comunidade inteira cercará vocês de afeição e se empenhará em ajudá-los.

(As assinalações são feitas pelos catequistas ou familiares. A fórmula é sempre dita por quem preside. Ao assinalar a fronte:)

Quem preside: Recebe na fronte o sinal da cruz; o próprio Cristo te protege com o sinal de seu amor. Aprende a conhecê-lo e a segui-lo.

(Ao assinalar os ouvidos:)

Recebam nos ouvidos o sinal da cruz, para que vocês ouçam a voz do Senhor.

(Ao assinalar os olhos:)

Recebam nos olhos o sinal da cruz, para que vocês vejam a glória de Deus.

(Ao assinalar a boca:)

Recebam na boca o sinal da cruz, para que vocês respondam à Palavra de Deus.

(Ao assinalar o peito:)

Recebam no peito o sinal da cruz, para que Cristo habite pela fé em seus corações.

(Ao assinalar os ombros:)

Recebam nos ombros o sinal da cruz, para que vocês carreguem o jugo suave de Cristo.

(Quem preside, sem tocar nos catecúmenos, faz o sinal da cruz sobre todos ao mesmo tempo, dizendo:)

Quem preside: Eu marco vocês com o sinal da cruz: Em nome do Pai, e do Filho e do Espírito Santo, para que vocês tenham a vida eterna.

Os candidatos: Amém.

Pode-se cantar esta aclamação de louvor a Cristo:

Glória a ti, Senhor, toda graça e louvor.

Quem preside: Oremos.

Deus todo-poderoso, que pela cruz e ressurreição de vosso Filho destes a vida ao vosso povo, concedei que estes vossos filhos e filhas, marcados com o sinal da cruz, seguindo os passos de Cristo, conservem em sua vida a graça da vitória da cruz e a manifestem por palavras e gestos. Por Cristo, nosso Senhor.

RITOS AUXILIARES

Crucifixos ou uma cruzinha para pôr no pescoço podem ser oferecidos como recordação da assinalação.

Depois, **quem preside**, auxiliado pelos catequistas, entrega aos catequizandos, com dignidade e reverência, Bíblias, dizendo estas ou outras palavras: "Recebe o livro da Palavra de Deus. Que ela seja luz para a tua vida".

O catequizando poderá responder de modo apropriado à oferta e às palavras de quem preside. Preces pelos catequizandos (*a assembleia dos fiéis faz estas preces ou outras semelhantes*).

Quem preside: Oremos por estas queridas crianças, vossos filhos e filhas, companheiros e amigos, que agora procuram a Deus.

Leitor: Nós vos pedimos, Senhor, que aumenteis cada dia mais seu desejo de viver com Jesus.

R. Nós vos pedimos, Senhor.

Leitor: Nós vos pedimos, Senhor, que elas sejam felizes na Igreja.

R.: Nós vos pedimos, Senhor.

Leitor: Nós vos pedimos, Senhor, a graça de perseverarem na preparação para o Batismo ou Eucaristia.

R.: Nós vos pedimos, Senhor.

Leitor: Nós vos pedimos, Senhor, que vosso amor afaste de seus corações o medo e o desânimo.

R. Nós vos pedimos, Senhor.

Leitor: Nós vos pedimos, Senhor, que estas crianças tenham a alegria de receber o Batismo, a Confirmação e a Eucaristia.

R.: Nós vos pedimos, Senhor.

Quem preside: Ó Pai, que despertastes nestas crianças o desejo de ser bons cristãos, fazei que elas vos procurem sempre e vejam realizados seu desejo e nossas preces. Por Cristo, nosso Senhor.

Todos: Amém.

ORAÇÃO CONCLUSIVA

Os **catequizandos** inclinam a cabeça ou se ajoelham diante de **quem preside**. Este, com as mãos estendidas sobre os catequizandos, diz a seguinte oração:

Oremos. Deus eterno e todo-poderoso, sois o Pai de todos e criastes o homem e a mulher à vossa imagem. Acolhei com amor estes nossos queridos irmãos e irmãs e concedei que eles, renovados pela força da palavra de Cristo, que ouviram nesta assembleia, cheguem pela vossa graça à plena conformidade com vosso Filho Jesus. Que vive e reina para sempre.

R.: Amém.

4º Tema

Como e por que ler a Bíblia

Apresentamos algumas informações básicas sobre a Bíblia, seja porque é necessário que os pais valorizem a Palavra de Deus, seja porque os catequizando, já no início da catequese, irão ter a Bíblia em mãos e vão precisar também da colaboração competente dos adultos. Queremos suscitar nos pais e responsáveis o interesse e o amor pela Palavra de Deus, e motivá-los para a leitura cotidiana.

PARA PENSAR

A catequese faz parte do ministério da Palavra, e faz da Palavra o conteúdo de seu ensinamento. Por isso "a catequese deverá desenvolver a inteligência do mistério de Cristo à luz da Palavra de Deus, a fim de que o homem seja por ela impregnado".[1] Na catequese, as crianças serão introduzidas bem cedo no conhecimento da Bíblia Sagrada, por isso é necessário orientar os pais para que, "rezando com os filhos, dedicando-se com eles à leitura da Palavra de Deus", se tornem os primeiros arautos do Evangelho.[2]

A fonte primária da catequese é a Palavra de Deus.

A Bíblia é a *carta de amor* que Deus continua enviando aos seus filhos para lhes comunicar o seu carinho e convidá-los a participar de sua vida. É uma mensagem pela qual Deus quer estabelecer um diálogo de amor com os homens e mulheres de todos os tempos. Por isso, nós falamos de *Revelação*, pois neste

---

[1] *Catechesi Tradendae*, 20.

[2] *Familiaris Consortio*, 39.

diálogo Deus revela o seu plano de amor e, ao mesmo tempo, revela a si mesmo e a dignidade do ser humano, chamando-o a participar da intimidade de sua vida. Maravilha incomparável de nossa fé é o fato de Deus ter querido se comunicar e continuar se comunicando com os homens e mulheres de todos os tempos.

Este diálogo começa com a intervenção de Deus na história de um povo determinado, o povo judeu e, em seguida, através do evento de Jesus de Nazaré, se estende a toda humanidade. É nele que se encarna a Palavra de Deus (Jo 1,1-5), é nele e por ele que Deus continua a falar ao mundo de uma forma definitiva e permanente (Jo 1,14; Hb 1,1-2). Em Jesus, a palavra do Pai se torna uma pessoa, por isso os Evangelhos são o coração da Bíblia. Toda ação da Igreja encontra no anúncio desta Palavra a sua razão de ser: "Vão pelo mundo inteiro e anunciem a Boa-Nova para toda a humanidade" (Mc 16,15).

Importância da Palavra de Deus para a nossa fé

Sobre a importância da Bíblia em nossa vida, temos uma passagem muito significativa e instrutiva na Segunda Carta de São Paulo a Timóteo 3,14-17: "Quanto a você, permaneça firme naquilo que aprendeu e aceitou como certo; você sabe de quem o aprendeu. Desde a infância você conhece as Sagradas Escrituras; elas têm o poder de lhe comunicar a sabedoria que conduz à salvação pela fé em Jesus Cristo. Toda Escritura é inspirada por Deus e útil para ensinar, para refutar, para corrigir, para educar na justiça, a fim de que o homem de Deus seja perfeito, preparado para toda obra boa".

São Paulo está no fim de sua vida, e está preso por causa do Evangelho. Esta carta faz as últimas recomendações ao seu amado discípulo Timóteo, pedindo que ele *permaneça firme* naquilo *que aprendeu e aceitou como certo*, sobretudo, sabendo de quem o aprendeu: de sua mãe e de sua avó, que eram cristãs e que foram as primeiras pessoas a zelar pela sua vida de fé. Este detalhe nos diz a importância da catequese familiar: *desde criança*, desde o colo materno, Timóteo aprendeu a Sagrada Escritura, e é bom que ele se lembre disso! Este alerta é fundamental hoje, quando se muda de religião com tanta facilidade, esquecendo que a fé recebida nos foi dada como dom precioso pela Igreja e pelos pais, e como tal deve ser valorizada.

O Apóstolo passa a lembrar seu discípulo da importância da Sagrada Escritura, pois ela tem o poder de comunicar a sabedoria que conduz à salvação pela fé em Jesus Cristo. O que importa na leitura e meditação da Palavra de Deus é o encontro com a pessoa e a mensagem de Jesus. Com efeito, no coração da Bíblia encontramos a pessoa de Jesus.

Hugo de São Victor (†1114), como já tinha feito Santo Agostinho, coloca a pessoa de Jesus como ponto de convergência dos dois Testamentos: "Toda a Sagrada Escritura constitui um só livro, e este livro único é Cristo no mistério, porque toda a Divina Escritura fala de Cristo e se realiza em Cristo".[3]

O Concílio Vaticano II afirma que "A Igreja sempre venerou as divinas Escrituras, como também o próprio corpo do Senhor; sobretudo na sagrada liturgia, nunca deixou de tomar e distribuir aos fiéis, da mesa tanto da Palavra de Deus como do corpo de Cristo, o pão da vida. Sempre considerou as divinas Escrituras e continua a considerá-las, juntamente com a sagrada Tradição, como regra suprema da sua fé".[4]

Falar de "mesa" significa falar de alimento: o batizado é chamado a se alimentar, a se nutrir da Palavra de Deus, a acolhê-la no coração e vivê-la onde quer que esteja. A Palavra deve conduzir à mesa da vida como continuação da mesa da Eucaristia: Palavra e Eucaristia devem ser duas constantes sempre presentes na vida do batizado.

Além de nos *comunicar a sabedoria que conduz à salvação pela fé em Jesus Cristo*, a Palavra de Deus – continua São Paulo a Timóteo – tem uma função muito importante na vida do cristão, pois ela é útil para:

- *ensinar* as coisas de Deus e da vida;
- *refutar* o erro;

---

[3] *Comentário sobre a Arca de Noé*, 8.

[4] Concílio Vaticano II. Constituição Dogmática sobre a Revelação *Dei Verbum*, 21.

- *corrigir* os maus comportamentos e as ideias erradas;
- *educar* na justiça.

Justamente porque *inspirada*, a Bíblia tem grande utilidade e uma particular capacidade educativa de correção e de ensino tanto na vida pessoal do batizado quanto na ação pastoral da Igreja. Isso significa que o cristão, pela leitura, meditação e vivência da Bíblia, amadurece como ser humano e como filho de Deus. Ele aprende a fazer o bem, como convém a um homem e a uma mulher de fé. Por isso a Igreja atribui muita importância à Palavra de Deus, não só para ser lida e proclamada na liturgia, mas também como leitura, meditação pessoal e oração de cada cristão.

Durante o período da catequese, o catequista e os pais irão despertar no catequizando uma paixão pela Palavra de Deus, suscitando nele o gosto pela leitura e meditação; incentivando-o ao belo hábito da leitura cotidiana de breves trechos. Isto deve ser feito desde cedo, assim como aconteceu com Timóteo que, desde a infância, ainda no colo da mãe, foi introduzido no conhecimento das Sagradas Escrituras. O entusiasmo e o testemunho do catequista e dos pais são o melhor incentivo para suscitar este hábito.

Informações sobre a Bíblia

A palavra *Bíblia* vem da língua grega e significa *livros*, pois na realidade se trata de um conjunto, de uma coleção de livros; com efeito, são dezenas de livros recolhidos num só volume, exatamente 73, divididos em duas partes, como em duas estantes de uma livraria:

- *Antigo Testamento*: 46 livros, escritos antes do nascimento de Jesus;
- *Novo Testamento*: 27 livros, escritos depois da ressurreição de Jesus.

Dentro destas estantes, os livros estão ainda divididos em blocos, pela afinidade que possam ter:

Antigo Testamento

- *Pentateuco*: os primeiros cinco (penta) livros, considerados fundamentais para vida de fé e para a vida social dos judeus, e por isso chamados também de *Lei*;
- *Livros históricos*: são 16 e ocupam a maior parte do Antigo Testamento;
- *Livros sapienciais:* são sete; importância maior reveste o livro dos 150 *Salmos*, que é o livro de oração dos judeus e dos cristãos;
- *Livros proféticos*: são 18 livros (17 com nome de algum profeta e as *Lamentações*);

Novo Testamento

- 4 *Evangelhos:* Mateus, Marcos, Lucas, João;
- 21 *Cartas:* 13 de São Paulo, três de João, duas de Pedro, uma de Tiago, uma de Judas, irmão de Tiago, e a carta aos *Hebreus;*
- *Atos dos Apóstolos* de Lucas;
- *Apocalipse* de João, o Evangelista.

Todas as bíblias são iguais?

Estes livros que acabamos de enumerar estão em todas as bíblias? Todas as bíblias são iguais? Não, nem todas as bíblias são iguais. A Bíblia católica tem 73 livros. A Bíblia dos irmãos reformados, um pouco menos, pois faltam alguns livros do AT, tais como: Sabedoria, 1º e 2º livros dos Macabeus, Judite, Tobias, Eclesiástico, Baruc, os capítulos 11-16 de Ester e os capítulos 13-14 do livro de Daniel. Então, a diferença de livros está no Antigo Testamento. Por isso, nem todas as Bíblias são iguais!

Por que estas diferenças? Será que os reformados "rasgaram" estes livros da Bíblia? Não! É que temos duas versões do Antigo Testamento: uma em *aramaico* (a língua dos judeus) e a outra em *grego*, naquele tempo língua dominante, como hoje o inglês. Esta versão é chamada também dos *Setenta* (que teria sido traduzida por setenta Sábios) e tem mais livros; foi feita para ajudar os judeus que viviam fora de seu país, a Palestina, e que tinham contato com a cultura grega. Os judeus ortodoxos e também os reformados (depois da separação da Igreja Católica por parte de Lutero) usam somente o Antigo Testamento, que foi escrito em aramaico e que tem menos livros, daí a diferença.

E a Igreja Católica, quais das duas versões da Bíblia usa? Os católicos usam as duas versões: o Antigo Testamento em aramaico e aquele em grego, e é por isso que a Bíblia católica contém mais livros. E por que a Igreja Católica usa também o texto grego da Bíblia? Porque ele já foi usado pelos autores do Novo Testamento, pelos próprios Apóstolos. Por exemplo, Mateus 1,22-23, falando do nascimento do Messias ("A virgem conceberá um filho, e chamarão pelo nome de Emanuel") cita Isaías 7,14 da versão grega da Bíblia, e não da versão aramaica. Para nós católicos as duas versões da Bíblia são Palavra de Deus. Se os primeiros cristãos usavam as duas versões da Bíblia, quem somos nós para decidir excluir uma delas?

Como saber se uma Bíblia é católica ou não?

Esta questão se põe para o Antigo Testamento, pois o Novo Testamento contém 27 livros em todas as Bíblias. De qualquer forma, temos dois modos práticos para ver se uma Bíblia é católica ou não:

- primeiro, pelo *número de livros*: a Bíblia católica tem 73 Livros, 46 do AT e 27 do NT; segundo, olhar se nas primeiras páginas da Bíblia há a *licença para a Bíblia ser impressa*: o nome ou a *assinatura de um bispo* (antes do nome do bispo tem uma pequena cruz), ou a palavra latina *Imprimatur* (pode ser impressa), pois a Bíblia católica só pode ser publicada com a permissão de um bispo; quer dizer, deve ter um reconhecimento oficial da Igreja, à qual foi confiada a Palavra de Deus.

Como se orientar no manuseio da Bíblia?

Cada livro tem um *nome*, que pode ser:

- de uma *pessoa* (o suposto autor, como nos Evangelhos, nas Cartas dos Apóstolos),

- ou dos *destinatários* do livro (como nas Cartas: *1ª Carta aos Coríntios... aos Gálatas, carta a Tito* etc.);

- ou das *primeiras palavras* do livro (como acontece no livro do Gênesis);

- ou do *conteúdo* do livro (como no Deuteronômio, nos Salmos, nos Provérbios, ou nos Atos dos Apóstolos).

Para facilitar na identificação, o livro é indicado por uma *abreviatura* (a lista de abreviaturas se encontra no início da Bíblia) que é igual para todas as Bíblias: Ex = Êxodo; Dt = Deuteronômio; Mt = Evangelho de Mateus; At = Atos dos Apóstolos; 1Cor = Primeira Carta aos Coríntios; Ap = Livro do Apocalipse etc. Não se assuste, isso se aprende com a prática!

Para ajudar na busca, a Bíblia (dos judeus, católicos e dos protestantes) é dividida em *capítulos* e *versículos*.[5] Os *capítulos* são indicados por um número maior em negrito, no início de cada capítulo; os *versículos* são indicados por números pequenos.

A seguir, alguns exemplos de leitura:

Ex 3,1-4 = Livro do Êxodo, capítulo 3º, versículos de 1 a 4 (o *hífen* une os versículos);

Ex 3,1.4 = Livro do Êxodo, capítulo 3º, versículos 1 e 4 (o *ponto* significa que são lidos somente os dois versículos indicados, 1 e 4: pula-se o 2 e 3).

Lc 15,1-2.11-32 = Evangelho de Lucas, capítulo 15, versículos de 1 a 2 e de 11 ao 32.

Quem garante a verdadeira compreensão da Bíblia?

A compreensão da Bíblia, da Palavra de Deus, é uma questão fundamental, pois disso depende a capacidade de acolher

---

[5] Esta divisão, para facilitar a leitura e achar rapidamente as passagens, não foi feita pelos autores dos livros da Bíblia, mas muito tempo depois. A divisão em capítulos foi feita por Estevão Logton em 1214; a divisão em versículos, os números menores ao longo dos capítulos, em 1514 por Pagnini e completada em 1551 por Robert Etienne.

a verdadeira mensagem de salvação que ela contém e quer nos comunicar.

Todo batizado, por ter recebido o Espírito Santo no Batismo, é iluminado por Ele na leitura e compreensão da palavra de Jesus, como o próprio Jesus nos garantiu: "Quando vier o Espírito da Verdade, ele encaminhará vocês para toda a verdade" (Jo 16,12-14). Mas quem garante que o Espírito está agindo em nós, quem nos assegura que a verdadeira interpretação da Bíblia é o *Magistério* (Papa e Bispos)? Pois a Bíblia não é algo de particular, deixada à interpretação de cada um, como nos adverte a Segunda Carta de Pedro 1,20: "Antes de tudo, saibam disto: nenhuma profecia da Escritura provém de interpretação individual, pois nenhuma profecia veio por vontade humana". Na Igreja Católica, ninguém inventa nada na fé; ela é *transmitida* desde as origens, e do Novo Testamento dos Apóstolos até nós, e de nós para as gerações futuras.

Uma antiga pintura pode nos ajudar a entender este fato. Na paróquia Imaculada Conceição, em Torrepaduli, Itália, durante os trabalhos de restauração da Igreja matriz, atrás de um quadro de São José foi descoberto um afresco que tem um simbolismo muito interessante. Sentada num trono, Maria apresenta seu filho, o menino Jesus, que segura na mão direita uma Bíblia aberta. O detalhe está no grande *manto* verde que cobre a todos: a Virgem Maria, o menino Jesus e a Bíblia! O afresco quer dizer: Jesus nos convida a ouvir a sua Palavra (Bíblia em sua mão), mas dentro da Igreja (o manto que cobre a todos): a Bíblia é entregue à Igreja, à comunidade dos discípulos de Jesus.

Alertamos também para a leitura fundamentalista que se faz da Bíblia em muitas dessas novas comunidades. Um versículo da Bíblia isolado do contexto em que foi escrito ou da intenção do autor bíblico constitui uma palavra fácil de ser manipulada pelo pregador, segundo sua intenção de mostrar isto ou aquilo. Cada passagem deve ser lida em comparação com textos de outros livros bíblicos, a fim de que seu sentido seja matizado e completado no conjunto da revelação. A leitura fundamentalista: "[...] é uma 'interpretação literal' que exclui a consideração do desenvolvimento do texto bíblico, dos gêneros literários, do modo de se expressar próprio da cultura de seus autores. A leitura fundamentalista propõe certezas que muitas pessoas acham tranquilizadoras. Seu maior perigo tem sido o de desviar membros da comunidade das exigências de sua caminhada".[6]

"A catequese tem como tarefa proporcionar a todos o entendimento claro e profundo de tudo o que Deus nos quis transmitir." Tarefa importante, pois assim a catequese "atualiza a Revelação acontecida no passado", de tal modo que a Palavra de Deus se torna contemporânea. O catequista se torna assim um profeta, aquele que faz *ecoar* (*katá-ekheí*) a Palavra de Deus na vida dos catequizandos e da comunidade.[7] A este propósito, santo Agostinho dizia que a Palavra de Deus na catequese tem a finalidade de fazer com que o catequizando "ouvindo creia, crendo espere e esperando ame".[8]

PARA APROFUNDAR

Ler Lucas 4,20-22a e partilhar o sentido no grupo.

Ler Hb 4,12-13 e partilhar o sentido no grupo.

Ler Is 55,10-11 e o comentário seguinte.

Isaías focaliza uma característica decisiva da Palavra de Deus: a sua eficácia, a sua força transformadora, fazendo explodir a vida. Essas afirmações eram muito mais significativas para os trabalhadores acostumados a lidar e lutar com o deserto, conhecedores da aridez das estepes, para os quais a chuva era sinônimo de vida. Até nas áreas mais esturricadas do Negheb (Sul da Palestina), em havendo um "toró" abundante, brotam, a seguir, flores matizadas pelas cores mais variadas e marcantes. Assim como acontece no sertão das caatingas do Brasil.

---

[6] CNBB. *Diretório nacional de catequese*. São Paulo: Paulinas, 2006. n. 114. (Documentos da CNBB, n. 84).

[7] Cf. ib., 26-28.

[8] AGOSTINHO. *A instrução dos catecúmenos*; teoria e prática da catequese. Trad. Maria da Glória Novak. Petrópolis: Vozes, 1984. IV,8. (Fontes da catequese, 7).

Disto se aclara a verdade de que onde cai a Palavra de Deus, aí germina e desabrocha a vida; ela não escorre em vão, até no terreno mais refratário da história humana. À confirmação disso, a Carta aos Hebreus diz: "A Palavra de Deus é viva, eficaz e mais penetrante do que qualquer espada de dois gumes [...]. Não existe criatura que possa esconder-se de Deus; tudo fica nu e descoberto aos olhos dele" (Hb 4,12-13). Em síntese: como a chuva penetra nos sulcos abertos, ensejando a vida, assim a Palavra de Deus penetra nas dobras do coração e nos recônditos íntimos da pessoa, desvela os sentimentos e os pensamentos, colocando-a em estado de decisão.

5º Tema

Deus preparou o seu povo

Esta unidade contempla os temas próprios do Primeiro (ou Antigo) Testamento: criação, pecado, Aliança, Páscoa/libertação e profetas e a celebração de abertura. Tem o objetivo de apresentar os acontecimentos do Primeiro Testamento e seus símbolos, para que sejam assimilados como diálogo de Aliança salvadora. Interessa perceber a unidade da história da salvação, na qual vemos Deus interagindo progressivamente com a humanidade.

PARA PENSAR

A catequese apresenta a história da salvação contida na Sagrada Escritura. Os acontecimentos e pessoas envolvidos revelam o diálogo divino e salvífico de Deus com o povo escolhido. Cada vez que essa Palavra é celebrada ou estudada, renova-se seu efeito salvador. Pois Deus continuamente se lembra de seu povo e está pronto para atuar em seu favor.

A comunidade, os familiares e as crianças, ao tomar contato com esses fatos e pessoas, aprendem a ler neles a própria história e a perceber como Deus atua "hoje" em suas vidas. As perguntas que os livros iniciais da Bíblia querem responder são aquelas de todos os tempos. Por que existe o mal no mundo? Como justificar o sofrimento do inocente e aceitar que Deus é Pai? Quem vale mais, o homem ou a mulher? Deus ainda fala para nós, neste mundo tão desigual? O que ele quer de nós?

Criação

Inicialmente, o *ciclo da criação* apresenta Deus criador e providente. Quer-se orientar os catequizandos a perceberem o Criador como aquele que dá a vida. E esta é apresentada como um grande presente divino que deve ser protegido. Deus conta conosco para mantê-la.

Os primeiros encontros ressaltam a grandeza do ser humano, máxima criação de Deus; a complementaridade do homem e da mulher, que juntos revelam a imagem e semelhança de Deus. Diante dele, ambos têm o mesmo valor.

Em Gênesis 2,15: "Deus tomou o homem e o colocou no jardim do Éden para o cultivar e o guardar", o que mostra a grande responsabilidade do ser humano de proteger e de cuidar de toda a criação, como missão divina que lhe foi confiada.

A obra da criação nos desperta para a responsabilidade de cuidar do planeta como casa em que habitamos. O cuidado ecológico mostra nossa atenção e respeito pela obra de Deus. Devemos aperfeiçoá-la com o nosso trabalho, mas sem destruí-la. É preciso ter respeito pelos outros, pois não queremos prejudicar terceiros com águas poluídas pelas nossas mãos. Promover enchentes com lixo jogado nas ruas. Menos ainda desmatar sem necessidade, matar animais ou abandoná-los.

A mentalidade ecológica nos ensina a viver em sociedade como irmãos e não apenas motivados pelo lucro e pelas vantagens pessoais em detrimento do outro.

Pecado

No plano original divino, o ser humano vive em harmonia com Deus e a natureza. Dispõe da capacidade de livre escolha, para optar pelo mal ou pelo bem. Prefere comer o fruto da árvore do conhecimento na tentativa de se tornar igual a ele e, consequentemente, rejeita o plano do Pai.

Rompe, dessa forma, o projeto original. O pecado entra no mundo como sinônimo de morte, de violência, de exploração do outro, de malícia e de poder. É sugestivo analisar a atitude de Caim diante de Abel.

Disso decorre a necessidade de educar para o sentido do pecado em nossa vida. Há que evitar os extremos, sobretudo, uma consciência que em tudo vê o pecado, visão muito comum nas novelas quando se quer ridicularizar a pessoa devota e enfraquecer a sensibilidade da consciência diante do pecado.

Não se quer formar uma consciência culposa, fruto de um perfeccionismo que em tudo vê o pecado e a culpa, com uma excessiva preocupação de fazer as coisas com exatidão e sucesso. A família, quando alimenta esse modo de pensar, certamente exagera nas contínuas reprimendas e deixa a criança engessada, fortalecendo com isso a timidez e a inibição.

Há que se estar atento para não criar imagens inadequadas de Deus. Primeiramente, ele não castiga nem quer o mal de ninguém. Para alcançar uma atitude positiva de uma criança não é preciso apelar para frases ameaçadoras que deformam sua imagem. "Deus te vê", "Deus castiga" etc. Sabemos que o mal não é querido por Deus. As coisas adversas que nos atingem e prejudicam são fruto do pecado. A ação divina é sempre favorável à pessoa humana, a ponto de salvá-la do poder do mal e da morte.

De outro lado, defrontamo-nos com o laxismo, que justifica tudo e em nada vê a manifestação do pecado: "Não existe pecado do lado debaixo do equador". As crianças educadas sem a consciência do pecado ou do limite que leve ao respeito ao outro e aos padrões éticos implicitamente sentem a ausência dos pais ou responsáveis para as orientar.

Normalmente, tais crianças costumam crescer em meio a muitas artes e travessuras, apresentam um comportamento inadequado, porque procuram, dessa maneira, atrair a atenção daqueles que as tornam invisíveis.

O pecado, enquanto manifestação do egoísmo, escraviza a personalidade, impedindo seu desenvolvimento natural em direção ao outro como irmão, a Deus como Pai e à natureza como casa.

A criança tem condições de perceber quais de suas ações são capazes de prejudicar e ofender. Quais atitudes suas têm raízes na preguiça, na vaidade e na competição com o outro.

Aliança

Apesar do pecado de infidelidade e de recusa do projeto original de amor, Deus convoca, reúne e caminha com o povo. Não o deixa abandonado a um destino de morte. Ao contrário, estabelece uma *Aliança*. Forma-se, assim, o povo eleito, porque Deus o escolheu para si, o chamou para uma vida de comunhão. Deus tem um plano de salvação para que o povo não se perca na idolatria, no culto aos falsos deuses, que o leva para a perdição da escravidão, da injustiça e da violência.

Inicialmente, Deus faz Aliança com Abraão, promete-lhe uma grande descendência. Já idoso e com sua esposa, Sara, também com idade avançada e estéril, faz brotar a esperança com o nascimento de seu filho Isaac. Depois, Deus pedirá a Abraão a prova de sua fé, o sacrifício de seu único filho, Isaac. Porém, o Anjo do Senhor intervém antes que isso aconteça.

Segue depois a descendência de Jacó com seus doze filhos. Após um grande período de carestia, os filhos de Jacó descem para o Egito. Lá se tornam um povo numeroso e forte. O faraó decide controlar o crescimento do povo hebreu, matando seus primogênitos masculinos e submetendo-o a pesados trabalhos.

Inicia-se o *ciclo de Moisés*. Homem vocacionado por Deus, líder e libertador do povo, conversa com Deus face a face. Moisés não foi omisso, mas sensibilizou-se com o sofrimento do seu povo e não hesitou em libertá-lo da escravidão, do sofrimento e do poder opressor.

No tempo de Moisés, já havia o costume de celebrar a Páscoa por ocasião da primavera no hemisfério norte. Acontecia a imolação dos cordeiros, tradição que vinha dos hebreus nômades, que andavam à procura de pastagens para o rebanho. Também era feita a oferenda das primícias da colheita de trigo. Por isso se assava o pão. Esses elementos da ceia antiga passarão, agora, a significar o grande acontecimento histórico que marca a libertação dos hebreus do Egito.

O sangue do cordeiro protegeu os hebreus do Anjo irado que matou os primogênitos do Egito, pois o faraó se opunha duramente ao projeto de Deus. O pão sem fermento foi comido às pressas. Naquela noite memorável, os hebreus atravessaram o mar a pé enxuto. A Páscoa é justamente isso, passagem da escravidão para a liberdade.

Aos pés do Monte Sinai, Moisés proclama os termos da Aliança. Deus lhe entrega as tábuas contendo os Mandamentos. Estes resumem a Lei dada por Deus ao povo de Israel, indicam o caminho seguro e feliz para viver bem e em paz com Deus, com o próximo, com a natureza e consigo mesmo; traçam o caminho de uma vida livre da escravidão do pecado. Os mandamentos não podem ser compreendidos apenas como proibição, mas precisam ser entendidos também como projeto de uma vida saudável e frutuosa.

Essa vida se concretiza no pacto de amizade entre as duas partes, Deus e o povo. Daí entendermos os mandamentos como Palavra de Deus para guiar o povo na verdade. Eles estabelecem relações que constroem a comunidade e a união.

A manifestação divina, ao longo do Antigo Testamento, desenvolve a imagem de um Deus providente que ouve o clamor de seu povo, estende seu braço para libertá-lo da escravidão mas, ao mesmo tempo, suscita a corresponsabilidade e a fidelidade como termos necessários para essa Aliança ser mantida. O amor de Deus carece de correspondência, é uma pista de mão dupla, envolve amar e ser amado, o que significa assumir as dificuldades e as alegrias. Deus nos ama e nos dá tudo de que precisamos.

Os mandamentos tornam-se a expressão do compromisso de fidelidade da comunidade para preservar a Aliança. Levar a sério a vivência dos mandamentos quer dizer acolher o amor de Deus em nossa vida e corresponder a esse amor vivendo com retidão. Essa mesma condição se repete na relação entre pais e filhos, marido e esposa. O amor requer o compromisso de ambas as partes.

Deus continua chamando libertadores para seu povo. As amarras do mal têm força aparente e não conseguem destruir o plano de salvação que Deus tem para o ser humano. Hoje encontramos nos passos de Moisés, libertadores do povo, pessoas convocadas para exercerem o bem público em nome de Deus.

Como Deus chama cada um de nós? Que missão ele confia a cada um? Procure estabelecer um paralelo entre o desenvolvimento da família e a caminhada do Povo de Deus. Ressalte a importância da presença de Deus na caminhada do povo, da vida do ser humano.

Profecia

A história do Povo de Deus, de Moisés até Jesus, tem mais de dois mil anos, foi um longo aprendizado para o povo ser fiel ao projeto de Deus.

Nos períodos de infidelidade em que a exploração dos pobres foi grande, ou mesmo quando Israel fez aliança com povos vizinhos, e foi mais oprimido pelos grandes, então ergueu-se a voz dos profetas.

Eram considerados homens de Deus e homens do povo, porque sempre defendiam a Aliança do Senhor. Os profetas anunciavam a chegada do Messias para estabelecer uma Aliança definitiva com a humanidade.

Quem eram os profetas? Por que eles incomodam os reis e defendem o povo? Também podemos ser profetas hoje? Os profetas anunciam a chegada do Messias.

CELEBRAR

Cada vez que nos reunimos como comunidade, como Povo de Deus para rezar, nós expressamos essa realidade e renovamos a Aliança com Deus, o qual prometeu nunca nos abandonar. A Aliança é bilateral: "Estabelecerei minha Aliança entre mim e ti" (Gn 17,7). Somos reunidos por sua Palavra para selarmos uma Aliança de amor e de compromisso.

Os encontros ressaltam a ação de graças que a liturgia eleva ao Pai pela obra da criação. Depois do pecado, também a criação anseia pela redenção trazida por Cristo. Em cada Eucaristia, o céu e a terra proclamam a glória do Senhor. Ao apresentar o pão e o vinho, o sacerdote os bendiz como frutos da terra e do trabalho humano que irão transformar-se no pão da vida e no vinho da salvação. Igualmente, toda a criação e todos nós queremos ser transformados em Cristo vivo pela força do nosso trabalho, que é a ação da graça de Deus em nós.

PARA APROFUNDAR

1) O que é pecado? O que comporta a formação do caráter de uma criança?

2) A Aliança envolve corresponsabilidade, reciprocidade e perseverança. Como esses valores fazem parte de nossa família?

3) A Páscoa traz o sentido de luta pela liberdade e de busca da terra prometida. Como nossos filhos vivem a Páscoa? Como os mandamentos da lei de Deus colaboram para preservar a liberdade deles?

O Reino de Deus está próximo

6º Tema

Cumprem-se as profecias, o Salvador nasce da Virgem e sua missão é preparada por João Batista. Jesus é o Mestre, o caminho para chegarmos ao Pai. Seus ensinamentos e sua prática libertam a humanidade. Esta unidade tem o objetivo de mostrar a novidade do Reino que Cristo inaugura para entender o novo modo de ser e de viver do cristão no mundo. Contempla, além dos encontros, a celebração de entrega do Creio e do Pai-nosso.

PARA PENSAR

Apresentar a pessoa e a missão de Jesus que vem ao mundo é algo que nos entusiasma e nos faz viver com mais alegria. Temos dificuldade de pensar quem de fato é Jesus. Normalmente, é mais fácil imaginar um menino que nasceu indefeso e pobre e desperta sentimentos de ternura. Ou, então, pensamos em Jesus compassivo e misericordioso, que nos ajuda em nossas necessidades; que, por ter sofrido a violência humana, é solidário também com o nosso sofrimento. Porém, não nos preocupamos na mesma intensidade em conhecer mais a fundo a pessoa de Jesus, sua missão e seu ensinamento.

Às vezes, formamos um conceito errôneo de fé, motivados pela moda atual da teologia da prosperidade, que atribui os males ao tentador e acentua as vantagens que a pessoa de fé desfruta: sucesso nos negócios, êxito nas relações amorosas e cura milagrosa de doenças. Ora, uma fé que só produz resultados tão imediatos e com compromissos éticos tão pequenos não corresponde ao Cristo que descobrimos no Evangelho.

Conhecer a pessoa de Jesus implica aderir ao seu modo de viver e à sua missão de Filho único que inaugura o Reino de Deus neste mundo. Ele trouxe um ensinamento novo, uma forma de ver o mundo diferente dos padrões de sua época e que fundamentalmente se confrontava com a maneira de agir dos romanos, políticos e religiosos de seu tempo. Essa postura de Jesus não lhe trouxe sucesso nem prestígio pessoal. E, quando quiseram fazê-lo rei, recusou-se terminantemente (cf. Jo 6,15).

Esta unidade quer nos levar a conhecer o ensinamento e a pessoa de Jesus, com a finalidade de o seguirmos em nossa vida. Isso é maior do que assumir somente uma postura de pedir favores e esperar uma graça. É claro que, quando rezamos, devemos interceder por nossas necessidades, pelas da Igreja e do mundo. Mas o melhor mesmo é assumir em nossa vida sua maneira de pensar e de lutar. Assim, daremos continuidade à sua missão e acolheremos o seu Reino de justiça e de solidariedade.

Maria, Mãe de Jesus, e João Batista são duas pessoas que nos abrem a porta para conhecermos sua pessoa. Maria foi fiel ao chamado de Deus e assumiu todos os riscos que a sua missão exigia. Uma mulher inteiramente disponível para o Reino, a primeira seguidora de Jesus que viveu, em si mesma, todas as virtudes do Evangelho. João Batista continua chamando nossa atenção. É preciso anunciar o Cristo que vive em nosso meio para transformarmos a sociedade, lutando pela dignidade da pessoa humana.

O nascimento de Jesus conta com a intervenção do Espírito. Ele é o Messias esperado. Seu messianismo, porém, é diferente, porque não impõe a força ou a soberania de Deus sobre a liberdade humana. Ele é a luz que guia e gera a esperança do povo.

O Verbo de Deus, Jesus, se fez carne e tornou-nos "participantes da natureza divina" (2Pd 1,4). Isso para que, entrando em comunhão com o Verbo e recebendo assim a filiação divina, nos tornemos filhos de Deus. Jesus é a admirável união da natureza divina e da natureza humana na única pessoa do Verbo; um na Trindade. É verdadeiro Deus e verdadeiro homem.

Comemorar o Natal não significa embarcar na onda do consumismo ou então fazer um presépio e ter unicamente sentimentos de compaixão e ternura diante do menino. A grandeza do Natal consiste em que Deus assume pessoalmente a decisão de salvar a humanidade, encarnando-se em nossa realidade pecadora. Jesus assume todas as nossas fraquezas, a salvação entra definitivamente na história da gente. Somos convidados a renovar a esperança em sua vinda entre nós.

O Batismo de Jesus revela que ele é o Ungido do Pai pelo Espírito com a missão de, como Servo, salvar o mundo. O Batismo de Jesus é diferente do de João, porque concede o seu Espírito para a remissão dos pecados e para o nascimento de uma vida nova. Assim, como Jesus, recebemos uma missão em nosso Batismo.

No Evangelho segundo Marcos lemos: "Cumpriu-se o tempo e o Reino de Deus está próximo. Arrependei-vos e crede no Evangelho" (1,15). Os tempos anunciados pelos profetas chegam à sua plenitude. "Muitas vezes e de modos diversos falou Deus, outrora, aos Pais pelos profetas; agora, nestes dias que são os últimos, falou-nos por meio do Filho" (Hb 1,1-2). Ou, então, "quando, porém, chegou a plenitude do tempo, enviou Deus o seu Filho, nascido de mulher, nascido sob a Lei" (Gl 4,4).

Com Jesus, Verbo de Deus encarnado, acontece a maior novidade: Deus se revela em seu Filho. A salvação nos foi dada, toda a plenitude da história humana chega ao seu ápice. Agora vivemos o tempo novo ou os últimos tempos, porque nada pode ser maior que a novidade: Jesus, o Filho de Deus que veio a este mundo para nos salvar.

O Reino não é comida nem bebida. Ele se faz presente naqueles que aderiram a Cristo e vivem em conformidade ao modo que Jesus atuou neste mundo. Jesus é o Messias esperado que veio libertar os oprimidos e inaugurar o Reino de Deus que "*é justiça* e paz e alegria no Espírito Santo" (Rm 14,17): "Jesus passou fazendo o bem, veio para dar vida, e vida em abundância (Jo 10,10) [...]. Colocou-se ao lado dos indefesos, dos marginalizados, dos oprimidos e até dos estrangeiros e dos pecadores.

Emprestou-lhes a voz, transmitiu força messiânica e a misericórdia do Pai. Com isso agiu contra a marginalização e combateu um sistema de profunda exclusão social, econômica, política e religiosa [...]. Seu coração misericordioso e compassivo estava em profunda sintonia com o sofrimento do povo empobrecido, o qual aprendeu a ver nele uma novidade em pessoa" (Lc 4,18).[1]

Diante dessa nova forma de ser e de estar no mundo, só resta nos convertermos sempre mais e a cada dia, num processo contínuo de querer nos aproximar dos sentimentos e do coração de Jesus. Para isso, devemos crer no Evangelho, na Boa-Notícia de salvação, que significa a pessoa e o ensinamento de Jesus. Ele é a Boa-Notícia (Evangelho) de Deus para nós.

A conversão é a atitude que cabe a todo cristão, durante toda a sua vida. Sempre temos que nos converter mais. Para isso, o Espírito Santo nos assiste e fortalece.

Cabe a nós, hoje, acolher este Reino de amor, justiça, paz, partilha, fraternidade e esperança. Ser cidadão do Reino é encontrar uma nova forma de viver de acordo com o Evangelho, sem apegar-se aos bens deste mundo. Significa buscar as fontes da verdadeira alegria no amor-doação, no gesto de entrega ao outro. Por isso, Jesus diz: tive fome, estive doente, com sede e nu e você cuidou de mim (cf. Mt 25,35).

Ao acompanhar os encontros desta unidade, os adultos poderão observar a dinâmica do Reino de Jesus que contraria a maneira de a sociedade pensar e se organizar. O Reino acontece na contramão da sociedade consumista, elitista e marcada pelo superficialismo das relações. O Reino está presente especialmente entre os pobres: "Felizes vós, os pobres, porque vosso é o Reino de Deus" (Lc 6,20).

Os pais e familiares estarão atentos para que suas atitudes também se orientem nessa direção. Um bom exercício será retomar as parábolas indicadas no livro da criança e promover um diálogo familiar.

---

[1] CNBB. *Exigências evangélicas e éticas de superação da miséria e da fome*. São Paulo: Paulinas, 2002. nn. 27-28. (Documentos da CNBB, n. 69).

Por exemplo, que projeto de sociedade nos apresenta a parábola do bom samaritano (Lc 10,29-37)! Alguém que se importa com o outro, cuida, protege, ampara, gasta seu tempo, tira o dinheiro do bolso, mesmo sabendo que se tratava de um judeu. Os judeus não se davam com os habitantes da Samaria.

Como esse modelo de atuar está distante de pessoas públicas preocupadas em apoderar-se do bem público em proveito pessoal! Como nos é comum ficar sabendo que políticos aprovam projetos mediante propinas, que obras são superfaturadas, que verbas destinadas à construção e aquisição de equipamentos hospitalares foram desviadas ou que crianças ficam sem merenda escolar!

Para que as crianças tenham uma mentalidade diferente, há que valorizar os pequenos gestos, os serviços de voluntariado, por exemplo: prestar algum serviço no colégio, na comunidade, na família. É preciso proporcionar a convivência com o pobre, altamente enriquecedora, e levar a compreender tanto o valor da luta para superar as dificuldades quanto a simplicidade das relações humanas, a generosidade e a solidariedade como condição de sobrevivência.

Estamos empenhados em assumir nossa missão e transformar as realidades que destroem o ser humano e que contrariam o Reino que Jesus veio anunciar? Ser amigo ou discípulo de Jesus nos faz estar muito próximos dele e viver com ele a aventura do Reino, isto é, acolher os pobres, não ignorar os doentes e os presos, fazer o bem a todos.

CELEBRAR

A entrega do Símbolo da fé (creio) e do Pai-nosso será uma ocasião ideal para toda a família reafirmar a fé como a dimensão mais importante de sua vida. A Igreja transmite às crianças a fé que dará forma a toda sua existência cristã. É um ato que exprime a experiência de fé da Igreja. Ao confiar-lhe o símbolo, quer-se também afirmar que a fé é um dom de Deus que a criança, sob a ação da graça, deve fazer seu para dar cumprimento aos sacramentos pascais. Ao receber o Pai-nosso, a criança experimenta a adoção de filho que a levará a voltar-se para Deus, chamando-o de Pai: "O cristão, a partir do dom do Credo e de sua pública recitação diante da comunidade, diz claramente qual seja, desde agora, o fundamento de sua vida, seu credo: o que crê, por que crê e com que fé quer fazer de sua vida um testemunho da fé que professa, até mesmo o martírio. A entrega do Pai-nosso [...] faz de cada cristão um filho que tem a audácia de falar com Deus como falava Jesus, e deve fazer do Pai-nosso a oração do Reino, o ideal de sua vida".[2]

PARA APROFUNDAR

1) O que é Reino de Deus?

2) O que significa Deus fazer-se humano?

3) Como Maria e João Batista testemunham o Reino?

4) Como se caracteriza o modo de Jesus tornar presente o Reino em nosso mundo?

5) Vale a pena lembrar o Batismo de seu filho ou afilhado, recordar o que aconteceu naquele dia: por que vocês o julgaram importante para a vida das crianças? Que consequências traz para a nossa vida hoje? O Batismo é o primeiro sinal de entrada na nova realidade do Reino.

---

[2] CASTELLANO, J. C. La iniciación cristiana y el camino espiritual. *Phase* 246 (2001), pp. 461-476; aqui, p. 465.

Leitura orante – Convertei-vos e crede no Evangelho

7º Tema

(Seguir os passos da leitura orante conforme a explicação da introdução.)

INVOCAÇÃO DO ESPÍRITO SANTO

Canto: "A nós descei, Divina Luz!"
A nós descei, Divina Luz!
Em nossas almas acendei
O amor, o amor de Jesus! (bis)

Vinde, Santo Espírito,
E do céu mandai
Luminoso raio! (bis)

Vinde, Pai dos pobres,
Doador dos dons,
Luz dos corações! (bis)

LEITURA

Proclamar: Marcos 1,14-20.

"Os versos 14 e 15 funcionam como uma síntese, isto é, um resumo do projeto de Deus na vida de Jesus. Marcos nos apresenta a totalidade do ministério de Jesus que tem como eixo e essência: o Reino de Deus.

Através de sua vida e ministério, Jesus traz o Reino de Deus para dentro da história humana e revela as múltiplas dimensões – política, socioeconômica, profética, existencial – da soberania de Deus na história e na vida dos que lhe são fiéis. Logo após encontramos a cena do chamado dos primeiros discípulos. Jesus aparece no cotidiano de cada um deles. É isso mesmo, no ordinário da vida é que ele se manifesta: estavam todos eles fazendo o que era comum a todo santo dia, isto é, estavam pescando. Faziam aquilo que era a atividade e responsabilidade de cada dia. Jesus invade o cotidiano da vida deles para fazer a maior das revoluções que poderia acontecer a uma pessoa. Nunca mais a vida daqueles pescadores seria a mesma. Mas, para isso, eles precisariam responder afirmativamente ao convite de Jesus.

Seguir a Jesus é se comprometer com ele. Significa abandonar as zonas de conforto em que vivemos e que possam impedir de vivermos o compromisso esperado. Talvez seja necessário recordar que a prática de chamar discípulos não foi iniciada por Jesus. Esse sistema de ensino já existia entre os rabinos. Nesse sentido Jesus não estava fazendo nada diferente. Sem dúvida que ele utilizava um método já consagrado. No entanto, Jesus ressignificou a proposta de discipulado e deu a ele uma "cara nova".

Se nos círculos rabínicos a pessoa tomava sua decisão voluntária para se juntar à escola de seu mestre, tornando-se assim um discípulo, no caso de Jesus o fator decisivo era o seu chamado/convite; outra diferença é que Jesus não chamava as pessoas para um treinamento intelectual e doutrinário como faziam os rabinos, sua preocupação era com a formação prática que resultaria em vidas transformadas que transformaria a própria realidade da sociedade em que se vivia; além disso, na experiência do chamado de Jesus temos a experiência da gratuidade, ou seja, seguir a Jesus era um dom da graça de Deus.

A relação de discipulado com os rabinos era comercial, isto é, uma instrução paga. Outra possível diferença é que o discipulado de Jesus exigia um compromisso absoluto e exclusivo, enquanto os rabinos não faziam semelhante exigência. E, finalmente, a proposta dos rabinos era para que se seguisse uma escola. A ênfase, portanto, estava reduzida à transmissão de conhecimentos a fim de que posteriormente os discípulos se tornassem mestres. Mas o modelo de discipulado ressignificado por Jesus era para seguir uma vida, era um tipo de conhecimento para se tornar servo do Reino de Deus. Pode-se afirmar que o discipulado não é mais uma das opções que temos na vida cristã. Ao contrário, o discipulado é condição necessária e revela comprometimento com Jesus.

Vida cristã sem discipulado é sempre vida cristã sem Jesus Cristo. Não há como ser cristão sem ser discípulo! Os textos bíblicos que tratam dos relatos de vocação são claríssimos ao enfatizar o ato de seguir a Jesus. O discipulado só acontece no seguimento do Mestre, o que implica o abandono necessário de uma velha situação. É impossível participar da missão de Jesus e permanecer no mesmo lugar, com o mesmo coração, com as mesmas atitudes e com as mesmas práticas. Discipulado é sinônimo de mobilidade, mas uma mobilidade que atinge toda a vida e a vida toda" (colaboração: Luiz Alexandre Solano Rossi).

MEDITAÇÃO

1) Um fato político, a prisão de João, levou Jesus a iniciar o anúncio da Boa-Nova de Deus. Hoje, os fatos da política e da polícia influem no anúncio que fazemos da Boa-Nova ao povo?

2) "Completou-se o tempo", posso dizer que já chegou a hora e não devo esperar mais para decididamente me encontrar com a Boa-Nova (Evangelho) e abraçá-la definitivamente?

3) "O Reino de Deus está próximo" ou então dizemos no Pai-nosso: "Venha a nós o vosso Reino". O que é o Reino?

4) "Convertei-vos!" Que aspectos da convivência matrimonial e familiar podem ser aperfeiçoados e trazer mais felicidades para todos?

5) Sou uma pessoa de fé? E posso dizer que cumpro o que Jesus diz, logo no início do Evangelho de Marcos:

"Acreditem nesta Boa Notícia!". Como isto está acontecendo na minha vida?

Oração

Ó Pai, o Reino do vosso Filho foi inaugurado e tudo passou a ser diferente. Agora tudo é novo. Os pobres são bem-aventurados, os coxos andam, os cegos veem, os surdos ouvem, a justiça e a paz foram implantadas.

Concedei, ó Pai, que eu possa ser cidadão deste Reino. Que eu permaneça longe do consumismo exasperante, do sexo fácil e da conivência com a injustiça.

Em vosso Reino, encontro a alegria que não passa e a realização de um mundo mais justo, mais humano e mais igualitário.

Ajudai-me, Senhor, a ser sempre habitante deste Reino. Que minha família, cada vez e sempre mais, busque este Reino, como o lugar natural de convivência e crescimento, longe do egoísmo e da falta de perdão.

Venha a nós o vosso reino. Vinde, Senhor Jesus, não demoreis!

Contemplação

A justiça do Reino torna o ser humano um ser novo e conforme a imagem e semelhança do Criador. Ao levar a sério esta realidade, sinto que devo conhecer mais o Evangelho, a Boa-Notícia de salvação de Jesus, pois ele formou uma comunidade de fé que busca pôr em prática esta realidade.

Nada supera a beleza do Evangelho. Não é uma notícia vazia e interesseira. É o próprio Jesus que selou com seu sangue esta novidade que impele os cidadãos a se relacionarem de outra maneira neste Reino. Para isto acontecer é necessária mudança, conversão de vida para outros valores diferentes daqueles do mundo.

ENCERRAMENTO

Canto: "Buscai primeiro o reino de Deus e a sua justiça. E tudo o mais vos será acrescentado".

8º Tema

A Páscoa de Cristo

Esta unidade é formada por cinco encontros. O ensinamento e a prática de Cristo confrontam-se com as autoridades civis e religiosas. Sua morte é decretada. Quando morrem todas as esperanças, o Pai derrama o seu Espírito vivificador e toda a humanidade tem a vitória garantida sobre a morte e a degradação humana. O Ressuscitado vive e nele alcançamos a vida eterna.

Ela tem o objetivo de reconstruir o mistério pascal para associá-lo com a Eucaristia e as lutas do cristão.

PARA PENSAR

Falar sobre a Páscoa de Jesus Cristo é dar os passos do Tríduo Pascal que a Igreja celebra todos os anos: Paixão, morte e ressurreição.

"O Tríduo Pascal se inicia com a celebração da Ceia do Senhor (pôr do sol da Quinta-feira Santa) e se conclui com a celebração eucarística do Domingo da Ressurreição do Senhor. É um só mistério que se celebra em três momentos principais distintos e, ao mesmo tempo, indissoluvelmente unidos.

O primeiro momento nós o chamamos de *Páscoa da ceia e da cruz* e consiste na celebração memorial da última ceia, na qual Cristo antecipou a doação amorosa de sua vida pela salvação do mundo, servindo-se dos sinais do pão e do vinho e da atitude de lavar os pés dos seus discípulos (instituição dos sacramentos da Eucaristia e da Ordem), entrega esta que, de fato, se efetiva com a sua morte violenta na cruz, no alto do calvário. Assim sendo, vemos que as celebrações da Quinta e de Sexta-feira

Santa, embora separadas, formam um único bloco que expressa o mistério da 'entrega de Cristo pela nossa salvação'. Na verdade, na última ceia se antecipa o que de fato acontece na cruz.

O segundo momento chamamos de *Páscoa do sepulcro*. É Jesus que passa pela morte e desce à mansão dos mortos. Este momento se inicia simbolicamente pelo desnudamento do altar e pelo sacrário vazio após a celebração da Paixão do Senhor na Sexta-feira Santa, e vai até o início da Vigília Pascal, no Sábado Santo. A rigor, é tempo para o recolhimento e para um profundo silêncio que nos leva a esperar o dia da ressurreição [...].

O terceiro momento chamamos de *Páscoa da Ressurreição*. É o ponto alto de todo o Tríduo Pascal, que acontece com a vigília solene, chamada por Santo Agostinho de "mãe de todas as vigílias". Nela rememoramos e celebramos as manifestações de Deus ao longo da história da salvação. Essas manifestações têm o seu início na criação do mundo (primeira leitura), percorrem a história da caminhada do Povo de Deus até atingir o foco central na ressurreição do Senhor, sinal da vitória de Jesus sobre o pecado e a morte. Nesta noite [...], os cristãos renovamos os nossos compromissos batismais de fidelidade a Deus até que cheguemos à gloria eterna com a qual Cristo Senhor nos brindou com sua morte e ressurreição. Este é o dia que o Senhor fez para nós, dia de festa e de alegria! (cf. Sl 117); é o domingo, ou seja, o dia do Senhor!"[1].

Jesus celebra a Páscoa antiga e lhe dá um novo sentido. Ele tomou os elementos da Páscoa e aplicou-os a si mesmo. Isso aconteceu às vésperas de ser entregue e condenado à morte. Antecipadamente, ele celebrou, em forma de ceia pascal, o que iria acontecer no calvário no dia seguinte.

Nessa ceia se bendizia a Deus sobre o pão sem fermento, que era partido e distribuído; Jesus viu nesse gesto o sacrifício do seu corpo imolado na cruz e dado como alimento. Também nessa ceia tomava-se vinho e comia-se o carneiro sacrificado, cujo sangue selara a primeira Aliança entre Deus e o povo e também

---

[1] SALVINI, José Adalberto. Para entender e viver o Tríduo Pascal. O *Ascensor (Boletim informativo da Diocese de Jaboticabal)* 68:1875 (abril 2007), p. 5.

poupara da morte os primogênitos. Jesus é o novo cordeiro que tira o pecado do mundo, seu sangue redentor derramado na cruz perdoa todo pecado.

Sua morte é Páscoa, mostra a intervenção do Pai, que salva a humanidade pelo amor do seu Filho levado às últimas consequências. Jesus, o Filho de Deus encarnado, entende a sua vida e a sua missão como serviço de amor à humanidade. Aí nos deparamos com a ceia e o lava-pés: "Se, portanto, eu, o Mestre e Senhor, vos lavei os pés, também deveis lavar-vos os pés uns aos outros. Dei-vos o exemplo, para que façais assim como eu fiz para vós" (Jo 13,14-15). Ele se doa inteiramente; é a concretização do seu amor. "Antes da festa da Páscoa, Jesus, sabendo que chegara a sua hora de passar deste mundo para o Pai, tendo amado os seus que estavam no mundo, amou-os até o fim" (Jo 13,1).

Cristo defendeu o pobre, o órfão e a viúva; inaugurou o Reino de justiça, de solidariedade, sem exclusão. A cruz é sinal desse serviço de Jesus à humanidade, pois rejeita todos os organismos civis ou religiosos que promovem a exclusão, tornando-se sinal de contradição. Ela é consequência da fidelidade ao projeto salvífico de Deus. Cristo, com seu amor, leva-nos ao Reino, consumado no seu sacrifício, no sangue derramado e no Espírito dado a todos, sem distinção.

Páscoa é passagem da morte à vida. Significa morrer para o comodismo, a preguiça, a mentira, doando a própria vida, como Jesus. Também os pais realizam a Páscoa em sua vida à medida que derramam o suor no trabalho para que não falte o necessário em casa. E as crianças, como participam da Páscoa cotidiana, com seus pais?

TEMPO DO ESPÍRITO

Jesus vai para junto do Pai. Glorioso, está sentado à sua direita, donde há de vir a segunda vez de maneira definitiva. Agora, vivemos no tempo da Igreja, no qual o Espírito do Senhor foi derramado profusamente. A promessa do Senhor ressuscitado se cumpre, pois agora o seu Espírito reúne os cristãos no único corpo de Cristo e os anima a prosseguirem no mundo a missão de Jesus. "O Espírito Santo, que o Pai enviará em meu nome, vos ensinará tudo e vos recordará tudo o que vos disse" (Jo 14,26).

O Espírito de Cristo, fruto da sua ressurreição, é o Espírito de amor que existe entre o Pai e o Filho. É o Espírito novo, que recria todas as coisas, fortalece os cristãos a acolher o Reino, pois é sabedoria, piedade, discernimento, ciência e temor de Deus.

VIVÊNCIA

A cruz de Cristo é uma consequência em sua vida. Não é a finalidade. Porque ele ama e defende a justiça, é perseguido, caluniado e condenado. Para os cristãos, seguidores de Cristo, não será muito diferente daquilo que se passou com Cristo: "Se alguém quiser vir após mim, negue-se a si mesmo, tome a sua cruz e siga-me" (Mc 8,34).

Seguir os passos de Cristo leva-nos a uma nova realidade na qual o que antes era importante agora não é mais; traz novos critérios de vida que se diferenciam daqueles do mundo. Todo cristão torna-se um sinal de contradição ao acolher os valores do Reino em contraposição aos do mundo.

Os pais encontram-se diante de dois projetos diferentes para apresentar a seus filhos. O do mundo traz a marca do sucesso, da fama, da necessidade de levar vantagem em tudo o que se faz. O projeto do Reino, vivido por Cristo, leva a suscitar as atitudes de generosidade, doação, amor ao próximo; requer empenho pela justiça, pela conservação da natureza diante do lucro que destrói e degrada o meio ambiente.

Esse projeto se coloca bem distante daquela atitude religiosa que reduz a fé a sentimentos de respeito, ternura e se multiplica em pedidos.

PARA APROFUNDAR

1) Por que condenaram Jesus a morrer na cruz?

2) Como Jesus entendeu a sua vida entre nós?

3) Como relacionar a última ceia com o calvário?

4) Que sentido novo Jesus acrescenta à ceia pascal do Primeiro Testamento?

9º Tema

Leitura orante - Lava-pés

PREPARANDO O AMBIENTE

A morte de Jesus abre a passagem para o Pai e testemunha o amor supremo que dá sentido à vida. Cabe a nós testemunhar às futuras gerações a riqueza dos ensinamentos de Jesus, garantindo o envolvimento da família como berço da vida de fé.

É importante escolher um local tranquilo e amplo, no qual possa ser disposto um círculo de cadeiras em quantidade suficiente para a acomodação dos catequizandos e de seus respectivos pais/responsáveis.

À chegada do grupo, favoreça a espiritualidade deste momento com uma música que expresse a profundidade da vivência a ser realizada. Na sequência, faz-se uma procissão com a entrada da cruz, da Bíblia ladeada com velas acesas e de um jarro com água. Previamente é solicitado às famílias que compareçam ao encontro trazendo a Bíblia.

(Seguir os passos da leitura orante, conforme a explicação na introdução.)

INVOCAÇÃO DO ESPÍRITO SANTO

Os pais recebem por escrito a oração do Espírito Santo. Oriente o grupo para que num primeiro momento seja feita uma reflexão pessoal. Convide o grupo para a oração e a proclamação da Palavra.

LEITURA

Proclamar: João 13,1-17.

Ao celebrar pela última vez a Páscoa do Antigo Testamento com seus apóstolos, Jesus lhe confere um novo sentido. *Antecipadamente, ele celebrou em forma de ceia pascal o que iria acontecer no calvário no dia seguinte: o seu sacrifício de expiação pelo pecado do mundo.*

Naquela noite, às vésperas de ser entregue, o pão, o cordeiro e o vinho da ceia pascal receberam um novo sentido. Nessa ceia, é costume bendizer a Deus sobre o pão sem fermento que é partido e distribuído; Jesus viu nesse gesto o sacrifício do seu corpo imolado na cruz e dado como alimento – "Eis o meu corpo, tomai e comei".

Os judeus, com o banquete do "cordeiro pascal", celebram o memorial do êxodo. Tudo isso começou precisamente com o sangue do cordeiro, que marcou suas portas na noite trágica da saída do Egito, início de sua salvação. Este grande acontecimento assinala a libertação do Egito, a aliança com Javé no Monte Sinai, a travessia do deserto durante quarenta anos e a entrada na terra prometida.

Os cordeiros sacrificados pelos judeus não eram mais que a figura e o anúncio do "verdadeiro Cordeiro" que realizou com seu sangue a Páscoa autêntica, a Passagem ao Pai, que salvou o mundo e selou a Nova Aliança. "Cristo, nossa Páscoa, foi imolado. Ele é o verdadeiro Cordeiro, que tira o pecado do mundo" (Prefácio da Páscoa I).

Jesus celebra a ceia com seus apóstolos e antecipa nos sinais do pão e do vinho a profecia de sua morte na cruz. Sua morte é Páscoa, significa a intervenção do Pai, que salva a humanidade pelo amor de seu Filho levado às últimas consequências. O amor gerado na cruz é libertador, oblativo e desinteressado.

O pão e o vinho partilhados serão os sacramentos da vida doada de Jesus como serviço de amor, de solidariedade para a união dos seres humanos. Praticamos o Evangelho somente quando há entrega, doação de nossa parte. Por isso, existe correspondência entre celebrar a Eucaristia, doar a própria vida e servir a comunidade desinteressadamente. Eis aí a lição do lava-pés.

O gesto de Jesus é ensinamento: a autoridade só pode ser entendida como função de serviço aos outros. A partilha do pão e o serviço é a humilde expressão do amor. É o amor que liberta, gera e faz florescer a vida.

Jesus lava os pés dos discípulos para dizer uma só coisa: *amar é servir*. Na comunidade cristã existe diferença de funções, mas todas elas devem concorrer para que o amor mútuo seja eficaz. Jesus tira o manto, no meio da refeição, e começa a lavar os pés dos discípulos. Tirar o manto significa abrir mão de todo privilégio ou *status*. Ele faz o que faziam os escravos. Num gesto de infinito amor, já não se justifica nenhum tipo de superioridade, mas somente a relação pessoal de irmãos e amigos. No final, diz: "Entendeis o que eu vos fiz? Vós me chamais de Mestre e Senhor; e dizeis bem, porque sou. Se eu, o Senhor e Mestre, vos lavei os pés, também vós deveis lavar os pés uns aos outros".

O evangelho de João substitui o relato da ceia pela cena do lava-pés. O gesto de lavar os pés, o sacrifício da cruz e o sacramento do pão e do vinho, memorial deste sacrifício, têm em comum o serviço humilde de amor e entrega pela humanidade.

Jesus, o Filho de Deus encarnado, entende sua vida e sua missão como serviço de amor à humanidade. Ele se doa inteiramente. Assim, o Reino de Cristo só pode ser recebido e instaurado com o serviço de amor. E a entrega da sua vida na cruz será o cume desta entrega, da sua vida colocada a serviço da humanidade. Assim, os três elementos se orientam mutuamente; isto é Eucaristia!

MEDITAÇÃO

Converse com o grupo de modo a meditar a profundidade do compromisso a ser assumido, apresentando-lhe os seguintes questionamentos:

"Antes da festa da Páscoa, sabendo Jesus que tinha chegado a sua hora, hora de passar deste mundo para o Pai, tendo amado os seus que estavam no mundo, amou-os até o fim" (Jo 13,1). Consciente de sua missão, não hesitou em manifestar a dimensão do seu amor ao assumir o lugar de escravo. Até que ponto conseguimos entender a profundidade desta atitude para tomá-la como exemplo?

Quando batizados, fomos incorporados a Cristo e dele recebemos a missão de "fazer o mesmo que ele fez" (Jo 13,15). Enquanto família, somos responsáveis por traduzir na vida de nossos filhos e filhas a dimensão do "servir" como expressão do amor maior de Deus manifestado em Jesus Cristo.

No mundo, onde existe tanta ganância e sede de poder, o gesto do lava-pés torna-se sinal de igualdade, de justiça, de fraternidade e um grande desafio a ser assumido na educação dos filhos(as) à vida cristã. Estamos dispostos a superar as situações que ferem a dignidade dos nossos irmãos que sofrem?

Temos conseguido educar nossos filhos(as) segundo os ensinamentos de Jesus?

ORAÇÃO

Colocando-nos a serviço do Reino definitivo, já presente no meio de nós, proclamemos o Salmo 143,1-2.5-6.8.10.

CONTEMPLAÇÃO

Jesus acolhe a todos e demonstra, com sua atitude de lavar os pés dos apóstolos, uma nova realidade a ser assumida plenamente. Nos dias de hoje, muito tem sido feito por pessoas que compreenderam este chamado e outros devem abrir o coração de modo a realizar este gesto em suas vidas.

ENCERRAMENTO

Recomenda-se fazer a celebração do lava-pés com o grupo.

Mostrar a ligação entre pão e vinho consagrados (corpo e sangue de Jesus), morte na cruz e serviço aos irmãos, como componentes de uma única realidade salvífica. Conversar antes com o grupo: "Por que esse gesto faz parte da celebração da Quinta-feira Santa? Que atitudes Jesus propõe para quem quer ser seu discípulo?".

Preparar toalha de mesa, pão e vinho suficientes para todos partilharem. Arrumar cadeiras, bacia, jarro com água e toalhas para o lava-pés. Todos permanecem de pé e em silêncio.

No Antigo Testamento, um dos ritos da hospitalidade era o de lavar os pés do hóspede para limpá-lo da poeira do caminho (Gn 18,4).

Comentarista: Jesus celebra a ceia com seus apóstolos e antecipa nos sinais do pão e do vinho a profecia de sua morte na cruz. Sua morte é Páscoa, significa a intervenção do Pai, que salva a humanidade pelo amor de seu Filho levado às últimas consequências. O amor gerado na cruz é libertador, oblativo e desinteressado.

Distantes da mesa, os leitores proclamam o Evangelho: Lc 22,7-13 – "Ide fazer os preparativos para comermos a ceia pascal".

Após a proclamação, duas pessoas se dirigem à mesa com as toalhas, preparam-na e colocam sobre ela o pão e o vinho. Cantar: "Eu quis comer esta ceia agora, pois vou morrer, já chegou minha hora...", ou outro canto com essa temática.

Comentarista: O pão e o vinho partilhados serão os sacramentos da vida doada de Jesus como serviço de amor, de solidariedade para a união dos seres humanos. Praticamos o Evangelho somente quando há entrega, doação de nossa parte.

Por isso, existe correspondência entre celebrar a Eucaristia, doar a própria vida e servir à comunidade desinteressadamente. Eis aí a lição do lava-pés.

O leitor 3 e o leitor 4 fazem respectivamente a parte de Pedro e a de Jesus: Jo 13,1-17 – "Se eu, o Senhor e Mestre, vos lavei os pés, também vós deveis lavar os pés uns aos outros".

O comentarista dá sequência ao lava-pés com aqueles que foram previamente orientados e preparados. Enquanto isso se canta: "Jesus erguendo-se da ceia". Pode-se adquirir a música no site: <http://paulinas.comep.org.br>.

O comentarista convida para a oração do Pai-nosso. Antes de partir o pão e distribuir o vinho, convidar os participantes para trazerem os alimentos que serão doados. Todos comem o pão e recebem o vinho, enquanto se entoa um canto sobre a caridade.

Sinais do Reino: Batismo

10º Tema

O Ressuscitado permanece em sua Igreja e associa a si a humanidade, constituída com seu corpo. Pelo Batismo, somos configurados em Cristo para viver a sua Páscoa durante toda a nossa vida, isto é, oferecendo nossa vida ao Pai, assim como Cristo fez.

PARA PENSAR

O plano de Deus Pai de salvar a humanidade toma corpo em Jesus Cristo. *Por Cristo, com Cristo e em Cristo* somos convidados a participar da vida de Deus no coração da Trindade. Porque, nele, o Pai resumiu tudo aquilo que tem para oferecer e dizer ao ser humano.

O Batismo é o que de mais importante pode acontecer na vida do ser humano. Este sacramento nos envolve inteiramente na pessoa e no destino de Jesus. Pelo Batismo passamos do plano da criação para o da redenção. "Quem não nascer da água e do Espírito não poderá entrar no Reino de Deus" (Jo 3,5). Os pais, desde muito cedo, proporcionam às crianças o Batismo, o banho do novo nascimento pelo qual, de simples criatura, a criança passa a ser filho de Deus, de simples membro da família humana, passa a ser membro vivo da família de Deus, a Igreja. Mas o que acontece em nós no Batismo?

A graça da "filiação" é o dom maior que Deus nos oferece em Cristo: *somos filhos no Filho!* Pelo Batismo, Deus nos comunica o Espírito de Cristo, pelo qual podemos ter a ousadia de chamá-Lo de Pai (Rm 8,16; Gl 4,6-8). O Batismo leva a termo a vocação do ser humano de entrar em comunhão com Deus. "Vejamos que prova de amor o Pai nos deu: sermos chamados filhos de Deus. E de fato o somos! Desde agora já somos filhos de Deus, embora ainda não se tenha tornando claro o que vamos ser" (1Jo 3,1-2).

O Batismo nos concede o perdão dos pecados e liberta do pecado original (At 2,38; 1Cor 6,11; Ef 5,25ss; Cl 2,11), graças à morte e ressurreição de Jesus. O Batismo faz de nós um povo de reconciliados.

O Batismo é o nosso nascimento para a vida nova em Jesus Cristo. No Batismo, "com Cristo morremos para o pecado e com ele nascemos para a vida nova" (Rm 6,3-4). Por isso, este sacramento é chamado também de "banho" da regeneração e da renovação no Espírito Santo (Tt 3,5), porque nos faz "novas criaturas" (2Cor 5,17; Gl 6,15), renascidas pela água e pelo Espírito (Jo 3,5). São Paulo fala como de um "revestimento" de Cristo (Gl 3,27; Rm 13,14), pois o Batismo nos configura, nos faz semelhantes, parecidos com ele: revestidos dele. E são Cirilo de Jerusalém completa: "Sendo que vos tornastes participantes de Cristo, vos chamais *Cristo* e não sem razão, pois sois verdadeiramente imagens de Cristo".[1]

O Batismo nos introduz no novo povo de Deus que é a Igreja, pois "fomos todos batizados num só Espírito para sermos um só corpo" (1Cor 12,13). No Batismo, a incorporação a Cristo e à Igreja é inseparável: o Batismo nos torna, ao mesmo tempo, membros de Cristo e membros do seu Corpo, que é a Igreja. Disto resulta que a forma concreta de pertencer a Cristo é a pertença à Igreja, seu corpo visível na história.

Por sermos todos irmãos, todas as diferenças e divisões são superadas entre os que passam a fazer parte do único Corpo, a Igreja. "Na Igreja não há diferença entre o escravo e o homem livre, entre o estrangeiro e o cidadão, entre o ancião e o jovem, entre o sábio e o ignorante, entre o homem comum e o príncipe, entre a mulher e o varão. Todas as idades, condições e sexos entram da mesma forma na piscina das águas (batismais). Seja o

---

[1] *Catequeses mistagógicas III*, 1. Petrópolis: Vozes, 1977.

imperador, seja o pobre, ambos participam da mesma purificação. Aqui está o sinal mais palpável da nobreza que distingue a Igreja: da mesma forma é iniciado o mendigo e quem carrega o cetro".[2]

Por uma morte semelhante à sua, tornamo-nos uma coisa só com ele (cf. Rm 6,5), o que nos leva a desenvolver uma vida de aliança, assumindo assim o ensinamento e a missão de Jesus, que passam a ser nossos. A vida cristã torna-se a duração do tempo que temos para nos assemelhar a Cristo com nossos atos e maneira de ser. *O Pai nos concede todos os dons no Batismo, nos aceita como filhos, porque recebemos o Espírito da Ressurreição, e perdoa nossos pecados. Porém, fica faltando somente uma coisa: a nossa resposta de fé ao dom que recebemos dele. Assim, o Batismo se cumprirá durante toda a nossa vida, na medida em que, no uso de nossa liberdade, respondemos sim ao plano do Pai ou optamos pelo mal.*

A vida cristã é tida como o tempo do desafio, da encarnação no dia a dia da morte de Cristo para merecermos a vitória de sua Ressurreição, para corresponder com retidão de vida ao dom do Batismo. Viver esse amor-doação é a identidade do cristão. Este foi mergulhado na imensidão do amor de Cristo para servir e amar pela vida afora.

Assim, desde seu Batismo, o cristão aprende que viver em Cristo é amar sem limites, é doar-se em favor dos outros. Mesmo que isso resulte em sofrimento, incompreensão e até perseguição, como aconteceu com Cristo.

O vínculo de comunhão

Devemos respeitar o sacramento do Batismo ministrado em outras Igrejas. Diversas Igrejas batizam, sem dúvida, validamente, pois ministram o Batismo a seus membros pela primeira vez com água e em nome da Trindade.[3] Por isso, um cristão batizado numa delas não pode ser rebatizado, nem sequer sob condição. O Batismo requer cuidado pastoral, não só por motivos de rito

---

[2] São João Crisóstomo. Homilia sobre 1Cor,10,1.

[3] Cf. *Código de Direito Canônico*, cân. 869, nota, p. 231.

e intenção, mas pelos seus efeitos para a comunhão eclesial. Pois trata-se do sacramento que realiza uma real comunhão, embora imperfeita, entre todos os batizados: "O Batismo constitui o vínculo sacramental da unidade, que liga todos os que foram regenerados por ele".[4]

Preparação próxima

Como prevê o itinerário da iniciação à Eucaristia, realizam--se as celebrações da Penitência e do Batismo/Renovação das promessas batismais.

Diante da necessidade de estar no estado de graça, celebra-se o sacramento da Penitência para adultos e crianças já batizados. O sacramento da Penitência é um sacramento de cura. Por ele participamos da Páscoa de Cristo. Pelos méritos do sacrifício redentor de Cristo somos perdoados de nossos pecados, e pela ação do Espírito Santo voltamos a viver na amizade filial com o Pai.

No caminho por etapas, está situado como o sacramento que nos faz recobrar a graça do Batismo, uma vez perdida pelos nossos pecados. É sumamente louvável que os pais se aproximem desse sacramento antes da celebração eucarística das crianças, para que se torne um tempo de verdadeira renovação da vida de toda a família.

Normalmente, nos grupos paroquiais de iniciação à Eucaristia, há sempre crianças que deverão ser batizadas, por isso sugerimos celebrar o Batismo destas crianças e durante o mesmo fazer a renovação das promessas batismais de todo o grupo.

PARA APROFUNDAR

1) Reflita sobre a importância de nosso Batismo. Por ele, somos enxertados na obra de salvação que Cristo realizou.

---

[4]   CONCÍLIO VATICANO II. *Unitatis redintegratio*, n. 22.

2) Repare que a unidade do Corpo é dada pelo único Batismo de todos os que professam a fé na Trindade Santa. O Batismo é o vínculo de unidade da Igreja de Cristo.

3) Todos os batizados, mesmo aqueles em outras Igrejas e comunidades reconhecidamente cristãs, tornam-se membros do Corpo de Cristo, possuem o seu Espírito e a sua graça; têm as virtudes da fé, da esperança e da caridade; alimentam-se da mesma Palavra; pertencem ao único povo de Deus. A Igreja de Cristo é maior que a Igreja Católica.

11º Tema

Sinais do Reino: Eucaristia

Este tema tem o objetivo de apresentar o sacramento da Eucaristia como participação, ao longo da vida, na Páscoa de Cristo, tendo em vista a transformação do fiel no próprio sacramento recebido.

PARA PENSAR

Pelo Batismo aprendemos a viver a Páscoa de Cristo em nossa vida. Recebemos todos os dons para levar uma vida como filhos de Deus. A vida cristã é o espaço de tempo em que aderimos, com nossas atitudes cotidianas, ao projeto do Pai.

Na celebração da Eucaristia, os batizados associam-se ao sacrifício do Senhor, aprendem a oferecer a si mesmos, seus trabalhos e todas as coisas criadas com Cristo ao Pai, no Espírito.

Por isso, a celebração eucarística cumpre o Batismo, porque nos constitui como corpo eclesial e herdeiros da missão de Cristo.

Memorial da Páscoa

Viver a Páscoa significa oferecer com Cristo o serviço que prestamos ao próximo como doação e entrega para a construção de uma sociedade mais humana. Isso é acolher o Reino, assumir a missão de Jesus. "Por Cristo, com Cristo, em Cristo [...]."

O sinal da Eucaristia no pão e no vinho consagrados como corpo e sangue de Cristo quer nos colocar em comunhão com o seu sacrifício, quer nos unir a Cristo para que sejamos transformados por ele. "Quem come minha carne e bebe meu sangue permanece em mim, e eu nele" (Jo 6,56) e "permanecei em mim, como eu em vós! Como o ramo não pode dar fruto por si mesmo, se não permanece na videira, assim também vós, se não permanecerdes em mim" (Jo 15,4).

A Eucaristia é a consumação da iniciação, pois o batizado, incorporado à comunidade eclesial, reproduz o único sacrifício, que é o seu. Por isso, o batizado participa da liturgia eucarística e oferece a sua vida ao Pai associada ao sacrifício de Cristo. É o Cristo inteiro, cabeça e membros, que se oferece pela salvação da humanidade. Assim, aclamamos na Oração Eucarística III: "Fazei de nós uma perfeita oferenda".

A configuração em Cristo, tida como transformação interior e para sempre, ocorrida na iniciação, deve ir consolidando-se, aprofundando-se progressivamente pela participação na vida sacramental da Igreja. Supõe-se que o batizado vive a Páscoa de Cristo cada vez mais real e plenamente. Por isso, na Eucaristia dominical, oferece o sacrifício de louvor de toda a sua vida entregue ao Reino. Assim, passamos a compreender a frase paulina: "Completo o que falta às tribulações de Cristo em minha carne pelo seu Corpo, que é a Igreja" (Cl 1,24).

A Eucaristia culmina na configuração a Cristo; será a participação repetida de toda a comunidade no mistério pascal e será incorporação na Igreja, cada vez mais perfeita e total.

Dimensões da Eucaristia

O sacramento deve ser visto em suas várias dimensões para que possa ser evidenciada a sua riqueza, que é sempre maior do que podemos alcançar com os nossos sentidos. Já tratamos a dimensão do sacrifício de Cristo, pois o que celebramos é o memorial de sua morte no calvário e de sua ressurreição gloriosa.

Por ser um memorial, a Eucaristia é o sacramento da presença do Ressuscitado no meio de sua comunidade comprometida com o Reino. Durante a celebração eucarística, o Cristo também está presente no meio da sua comunidade, "pois onde dois ou três estiverem reunidos em meu nome, ali estou eu no meio deles" (Mt 18,20). Está presente no ministro ordenado, que preside como Cristo, cabeça da Igreja. Também se encontra na Palavra, pois é Cristo quem proclama as Escrituras. Assim, toda a ação celebrativa é importante, e toda ela nos revela o Cristo.

Dimensão eclesial. A Eucaristia faz a Igreja corpo de Cristo. Dizemos na Oração Eucarística III da missa: "Fazei de nós um só corpo e um só espírito". O Espírito Santo une toda a assembleia reunida para a celebração da Eucaristia para que, em comunhão com o corpo eucarístico de Cristo, forme um só corpo, o corpo da Igreja. "O pão que partimos não é comunhão com o corpo de Cristo? Porque há um só pão, nós, embora muitos, somos um só corpo, pois todos participamos desse único pão" (1Cor 10,16b-17).

Por isso, formamos uma comunidade unida por um só Batismo, uma só fé e um só Espírito. Deixemos de lado as divisões pequenas que queiram nos separar. Tomemos consciência da grandeza de nossa fé, que ultrapassa situações superficiais e pessoais, para nos fixar no que é eterno e fundamental para nossa vida.

Dimensão escatológica. Jesus nos disse: "Quem come a minha carne e bebe o meu sangue tem a vida eterna, e eu o ressuscitarei no último dia" (Jo 6,54). "Esta garantia da ressurreição futura deriva do fato de a carne do Filho do Homem, dada em alimento, ser o seu corpo no estado glorioso de ressuscitado. Pela Eucaristia, assimila-se, por assim dizer, o 'segredo' da ressurreição".[1] Em Deus tudo é presente. Cristo, com o seu sacrifício, louva o Pai em seu trono e nos associa a ele nesse louvor, pois é todo o Cristo que celebra, a cabeça unida a seu corpo, a Igreja na força do Espírito Santo.

Dessa forma antecipamos a glória final dos filhos de Deus. A Igreja peregrina neste mundo se une à Igreja celeste com seus santos e os irmãos que nos precedem na glória, para num só louvor cantar com toda a natureza e os anjos: "Santo, santo, santo". E a cada celebração apressamos a plenitude do Reino,

---

[1] JOÃO PAULO II. *Carta encíclica sobre a Eucaristia na sua relação com a Igreja.* São Paulo: Paulinas, 2003. n. 18.

pois dizemos: anunciamos Senhor a vossa morte e proclamamos a vossa ressurreição. Vinde, Senhor Jesus!" (cf. 1Cor 11,26).

O Papa João Paulo II nos disse: "A Eucaristia é verdadeiramente um pedaço de céu que se abre sobre a terra; é um raio de glória da Jerusalém celeste, que atravessa as nuvens da nossa história e vem iluminar o nosso caminho".[2]

Dimensão social. Antigamente a celebração eucarística era simplesmente chamada de fração do pão: "Partiam o pão pelas casas" (At 2,46). Cristo tomou o pão, deu graças, partiu e o deu. Este gesto por si só já aponta que se trata do corpo de Cristo doado, "entregue por vós", do sangue derramado pelos nossos pecados. Eucaristia é partilha, não só dos bens materiais, mas em primeiro lugar de si mesmo como Cristo: "O pão que eu darei é a minha carne para a vida do mundo" (Jo 6,51).

Aí encontramos sentido para ofertar gêneros alimentícios na procissão dos dons da missa, trabalhar como voluntário em ONGs e entender finalmente que se trata do mesmo Cristo presente na Eucaristia e no pobre, pois ele vai nos dizer no juízo final: tive fome e sede, estava nu, doente e na prisão e cuidastes de mim; "todas as vezes que fizestes isso a um destes mais pequeninos, que são meus irmãos, foi a mim que o fizestes" (Mt 25,40).

Vivência

Naturalmente, uma criança e família educadas na escola da Eucaristia entenderão o amor como doação, entrega, reciprocidade, dom de si. Isso é a real expressão do amor de Cristo, que nos amou "até o fim". Também, esse amor gera a sociedade nova, porque só o amor que visa ao bem comum é capaz de produzir a solidariedade, a justiça e a convivência cidadã.

Diante desses elementos, os pais podem dimensionar conscientemente o projeto educativo que oferecem a seus filhos. Tal proposta gera referências para a formação do caráter e da personalidade da criança. Se não quisermos filhos egoístas, preocupados

---

[2] Ibid., n. 19.

unicamente com suas necessidades, precisamos voltar ao Evangelho, que educa o coração humano à generosidade e ao dom de si.

PARA APROFUNDAR

1) Por que a Eucaristia não é ação só do sacerdote? O que oferecemos na Eucaristia?

2) O pão e o vinho consagrados querem nos colocar em comunhão com o quê?

3) Como relacionar a vivência eucarística com o pobre, a vida eterna e a Igreja?

4) Por que a missa dominical é importante para a nossa família?

12º Tema

Viver o domingo

Conscientizar os pais da importância do domingo na vida do cristão e da necessidade de seu testemunho para a educação na fé de seus filhos.

PARA PENSAR

A Igreja nos pede para participar da missa aos domingos, cumprindo o terceiro Mandamento da Lei de Deus: *santificar o Dia do Senhor.* Assim faziam os primeiros cristãos que se reuniam aos domingos para celebrar a missa e comungar o Corpo de Jesus. Porém, mais do que cumprir um mandamento, é uma necessidade para a sobrevivência da própria fé. A Eucaristia é o ponto de chegada daquele caminho que se inicia com o Batismo.

A Eucaristia e o Dia do Senhor

Os primeiros cristãos e os santos entenderam muito bem a estreita relação entre o domingo e a Eucaristia. Entre os tantos antigos testemunhos há o comovente exemplo dos cristãos de Abitene, na atual Tunísia. No ano 304, sendo imperador romano Diocleciano, um grupo de 49 cristãos, desta cidade, foi preso durante uma celebração da Eucaristia. Arrastados ao tribunal e interrogados se não sabiam que era proibido fazer reuniões, responderam: "Como se pode ser cristão sem o Dia do Senhor e como se pode celebrar o Dia do Senhor se não existe o cristão? Não sabe que é o Dia do Senhor a fazer o cristão e que é o cristão a fazer o Dia do Senhor, e que um não pode existir sem o outro? Quando ouve dizer 'cristão', saiba que existe uma assembleia que celebra o Senhor; e quando ouve dizer 'assembleia', saiba que aí está o cristão".

E a comovente conclusão foi: "Sem o Domingo nós não podemos viver".[1]

Para estes mártires era claro que sua identidade cristã tinha raízes no encontrar-se da comunidade eclesial para celebrar a Eucaristia, no dia que faz memória da ressurreição do Senhor.

Para os católicos, o domingo sem celebração da Eucaristia não é domingo. Não se trata simplesmente da observância de uma obrigação, mas de uma questão de identidade que deve ser resguardada, testemunhada e professada. Com efeito, não podemos viver a fé cristã sozinhos, sem uma comunidade que faça *memória* da morte e da ressurreição do Senhor: "Sem o domingo nós não podemos viver!".

É urgente recuperar o Dia do Senhor, para recuperarmos nossa identidade cristã e católica. A celebração da Eucaristia é o coração do domingo, e o domingo é o coração da semana. Abandonar a Eucaristia no domingo é empobrecer-se, é enfraquecer na fé e no sentimento de pertença à Igreja. É reduzir o domingo, o Dia do Senhor, a um simples "fim de semana", incapaz de fazer festa, a verdadeira festa da vida.

Abandonar a Eucaristia do domingo é enfraquecer-se na fé e na missão, pois a Eucaristia é a fonte da vida e da missão da Igreja. No final de cada Eucaristia somos enviados: "Ide em paz", pois, transformados naquele que recebemos como Eucaristia, seremos instrumentos de paz em nosso trabalho, na família e na prática da caridade.

Se "a Igreja vive da Eucaristia", o mesmo se diga do cristão: sem Eucaristia ele é um crente sem identidade, sem rosto, sem expressão, sem alma, sem esperança, pois a Eucaristia, mais do que os outros sacramentos, une o céu e a terra.

A comunhão com o Corpo de Cristo na Eucaristia consolida o sentimento de pertença à Igreja, como bem sublinha São

---

[1] CONSIGLIO EPISCOPALE permanente della CEI, *Senza la domenica non possiamo vivere*. Ed. Paoline: Torino, 2004. p. 5.

Paulo: "O pão que partimos não é a comunhão do corpo de Cristo? Uma vez que há um só pão, nós, embora sendo muitos, formamos um só corpo, porque todos participamos do mesmo pão" (1Cor 10,16-17). A nossa união com Cristo na Eucaristia é, necessariamente, a união entre nós como Igreja, Corpo de Cristo, gerados pelo Batismo e alimentados pela Eucaristia.

Ainda, a Eucaristia nos recria na experiência de fraternidade ao redor do altar, pois cria e nos educa para a comunhão, sobretudo, na missa dominical, que é o lugar privilegiado onde a comunhão é constantemente anunciada, experimentada e alimentada.

O pão da Eucaristia nos envia ao pão de cada dia. A partir do pão da Eucaristia somos convidados a sair do nosso comodismo, da nossa preguiça, para nos envolver e assumir nossa responsabilidade diante da escandalosa fome do mundo; a Eucaristia é fonte de justiça, pois colocar-se à presença da Eucaristia exige disponibilidade à caridade. Assim, a Eucaristia, direta e indiretamente, é o pão que alimenta a humanidade.

PARA APROFUNDAR

1) O que significa na prática: mais do que preparar nossa(o) filha(o) para celebrar a primeira Comunhão, queremos que ela(e) seja iniciada(o) à vida eucarística como discípula(o) desejosa(o) de uma comunhão íntima com o Mestre?

2) Por que levar a sério o compromisso da celebração eucarística dominical?

13º Tema

A Igreja

Conhecer a origem da Igreja como desejo de Jesus Cristo ao formar o grupo dos Doze. Como fazemos parte dela. Qual a missão que cabe a nós?

PARA PENSAR

Na linguagem do dia a dia, a palavra "igreja" indica a construção, o lugar, a casa, onde nos reunimos para rezar. Mas se refere também às pessoas que se reúnem e celebram a sua fé; por isso dizemos: "somos Igreja".

A palavra *Igreja* vem do grego *ekklesia* e significa *convocação* dos cidadãos com capacidade jurídica. No Antigo Testamento, compreendia a comunidade dos hebreus que fizeram Aliança com Javé; neste sentido se referia à assembleia do povo de Deus. Nos Evangelhos, a palavra Igreja (*Ekklesia*) se encontra somente em Mateus 16,18 e 1,17, mas aparece com frequência nos Atos dos Apóstolos, onde a primeira comunidade dos que creem em Jesus se reconhece herdeira da antiga assembleia (Ex 19 => At 19,39).

Pela fé, fazemos parte de uma família na qual somos acolhidos através do sacramento do Batismo. Esta família tem um nome e um adjetivo que a caracterizam: *Igreja Católica*, comunidade, assembleia, família aberta a todos os povos, a toda a humanidade. Nela recebemos a fé, alimentamos a nossa esperança e vivemos no amor de Cristo e dos irmãos, e somos chamados a ser testemunhas num mundo sempre mais indiferente aos valores da fé.

No Rito do Batismo de crianças, à pergunta do ministro: "O que pedis à Igreja de Deus para o vosso filho?", os pais respondem:

"O Batismo", ou: "a fé", ou ainda: "A entrada na Igreja de Deus". São expressões que se equivalem, pois de formas diferentes afirmam a mesma coisa.

Eis que nesta resposta está implícita uma questão fundamental: *a fé se recebe e se alimenta dentro da Comunidade dos discípulos de Jesus, a Igreja. Ela nos acolhe pelo Batismo, nos alimenta pelos sacramentos e pela Palavra, nos entrega nos braços do Pai no dia da nossa passagem deste mundo.*

Por que existe a Igreja?

O evangelista João, ao dizer que "Ninguém jamais viu a Deus; quem nos revelou Deus foi o Filho único" (Jo 1,18), está afirmando que Jesus é o sacramento ou sinal de Deus, como o próprio Jesus explicou a Felipe: "Quem me viu, viu o Pai" (Jo 14,9). A mesma afirmação pode ser feita em relação a Jesus e à Igreja: Jesus ressuscitado pode ser visto, encontrado e experimentado através e na Igreja, que é seu Corpo (1Cor 12,27), o sacramento-sinal dele no mundo. Assim como Jesus é o sacramento do Pai, a Igreja é o sacramento de Jesus.

Se não podemos mais ver o corpo físico de Jesus, como então podemos encontrá-lo? É através da Igreja, dos cristãos reunidos na força do seu Espírito, que o mundo pode conhecer e encontrar Jesus. Este é o primeiro grande sinal de sua presença. Por isso São Paulo chama a Igreja (a comunidade dos cristãos) de *Corpo de Cristo* (1Cor 12,12ss), extensão de Cristo na história. A Igreja é o *sinal* que Jesus elegeu para continuar presente e comunicar a salvação ao mundo hoje. A Igreja é a comunidade dos discípulos de Jesus animados pelo Espírito Santo.

"A Igreja é criatura da Santíssima Trindade. O Espírito consuma a obra do Filho e faz com que os seres humanos tenham acesso ao Pai. Pelo Espírito, fonte de vida, o Pai santifica e vivifica a Igreja. Ele habita na Igreja e no coração dos fiéis, dando neles testemunho da adoção filial. É o Espírito quem realiza na Igreja todas as ações, rejuvenescendo-a e renovando-a constantemente. 'Pois o Espírito e a Esposa dizem ao Senhor Jesus: *Vem* (cf. Ap

22,17). Assim a Igreja universal aparece como o 'povo congregado na unidade do Pai e do Filho e do Espírito Santo'."[1]

O que a Bíblia diz sobre a Igreja?

Desde o início, Jesus associou à sua vida e à sua missão um grupo de discípulos (Mc 1,16-20; 3,13-19): é a primeira comunidade, o núcleo que depois da ressurreição vai se constituir como Igreja. Marcos faz questão de descrever a dinâmica de Jesus na escolha e constituição do grupo: "Chamou os que desejava escolher [...]. Então, Jesus constituiu o grupo dos Doze, para que estivessem com ele e para enviá-los a pregar" (3,13-19).

A instituição da Eucaristia e do sacerdócio é outro ato fundante da Igreja, pois, com a ordem: "Fazei isto em memória de mim" (Lc 22,19; 1Cor 11,24), Jesus está constituindo o grupo como uma comunidade permanente, que se reúne para atualizar aquela ceia que perpetua a salvação por ele realizada.

O grupo constituído por Jesus é chamado a viver numa comunhão tão profunda que gera uma intimidade entre ele e os seus discípulos: "Eu sou a videira e vocês são os ramos, permanecei em mim como eu permaneço em vós" (Jo 15,4-5).

Outro momento da constituição da Igreja acontece na cruz. O Evangelho de João diz que, estando Jesus na cruz, "Um dos soldados lhe transpassou com a lança o peito e imediatamente saiu sangue e água" (Jo 19,34). Os Padres da Igreja fazem uma comparação entre a origem de Eva da costela de Adão e o nascimento da Igreja do costado de Jesus crucificado. Nesse fluir "do sangue e da água" do peito de Jesus são evocados os sacramentos da Eucaristia (sangue) e do Batismo (água), os sacramentos que fazem a Igreja. São João Crisóstomo afirma que: "Os símbolos do Batismo (água) e da Eucaristia (sangue) saíram do peito. Então do seu peito Cristo formou a sua Igreja, como do peito de Adão formou Eva".[2]

---

[1] LOPES, Geraldo. *Lumen Gentium*; texto e comentário. São Paulo: Paulinas, 2011. p. 38.

[2] *Catequeses batismais*, VII, 17.

Finalmente, depois da ressurreição, Jesus confia a este grupo uma missão específica: "Assim como o Pai me enviou, eu também envio vocês" (Jo 20,19), "Ide, pois, fazer discípulos entre todas as nações, e batizai-os em nome do Pai, do Filho e do Espírito Santo. Ensinai-lhes a observar tudo o que vos tenho ordenado. Eis que eu estarei com vocês todos os dias, até o fim dos tempos" (Mt 28,19-20). O grupo, constituído de forma permanente, pode contar com a presença constante de Jesus para cumprir a missão: "Eis que eu estarei com vocês todos os dias, até o fim do mundo" (Mt 28,20b).

PARA APROFUNDAR

1) Como Jesus organizou aqueles que chamou para segui-lo?

2) Que missão deu a eles?

3) Hoje em dia, como a Igreja continua a missão deles?

14º Tema

Una, santa, católica e apostólica

Aprofundar os elementos que caracterizam e definem a Igreja para perceber a identidade da Igreja Católica.

PARA PENSAR

No coração da profissão de fé cristã, o "Creio em Deus Pai", que rezamos em todas as missas festivas, nós professamos também: "Creio na Igreja, una, santa, católica e apostólica". É nesta Igreja que professamos a nossa fé na Trindade Santa.

A Igreja é una

Os apóstolos, à medida que anunciavam o Evangelho, organizavam as comunidades, colocando responsáveis com o rito da imposição das mãos – segundo testemunho de At 6,1-6, 1Tm 4,14 e Tt 1,5 –, para que continuassem a missão.

Ao longo da história essa transmissão (Tradição) aconteceu de um bispo para o outro e continua em nossos dias: é a *sucessão apostólica*. É esta a Igreja que nós chamamos de *una*. Ela é *una* por seu fundador: Jesus Cristo, que quis uma só Igreja, para levar a humanidade à unidade, a ser uma só família, pois Jesus morre "para congregar na unidade todos os filhos de Deus dispersos" (Jo 11,51).

Há um só Deus, um só Batismo, um só Espírito e um só Corpo de Cristo, embora essa unidade aconteça na diversidade dos vários povos, línguas e nações. Essa unidade se manifesta:

- na profissão de uma única fé recebida dos apóstolos;
- na celebração comum do culto divino;
- na sucessão apostólica, por meio do sacramento da Ordem.

Também devemos considerar que aqueles que pertencem a comunidades separadas da Igreja Católica: " [...] e estão imbuídos da fé em Cristo não podem ser arguidos de pecado de separação, e a Igreja Católica os abraça com fraterna reverência e amor [...]. Justificados pela fé recebida no Batismo, estão incorporados em Cristo, e por isso com razão são honrados com o nome de cristãos e merecidamente reconhecidos pelos filhos da Igreja Católica como irmãos no Senhor.

Além disso, muitos elementos de santificação e de verdade existem fora dos limites visíveis da Igreja Católica: a caridade, outros dons interiores do Espírito Santo e outros elementos visíveis. O Espírito de Cristo serve-se dessas Igrejas e comunidades eclesiais como meios de salvação cuja força vem da plenitude de graça e de verdade que Cristo confiou à Igreja Católica. Todos esses bens provêm de Cristo, levam a ele e chamam, por si mesmos, para a unidade católica".[1]

A Igreja é santa

Esta Igreja é *santa* porque foi fundada por Jesus e é animada pelo Espírito Santo. Ela é santa "pelo frescor de seu Batismo", perpetuamente refrescada no banho da Penitência e da Eucaristia.

"A Igreja é, aos olhos da fé, indefectivelmente santa. Pois Cristo, Filho de Deus, que com o Pai e o Espírito Santo é proclamado o 'único Santo', amou a Igreja como sua Esposa. Por ela se entregou com o fim de santificá-la. Uniu-a a si como seu corpo e cumulou-a com o dom do Espírito Santo, para a glória de Deus. A Igreja é, portanto, o povo santo de Deus, e seus membros são chamados santos".[2]

A comunidade é o lugar que nos reunimos como família de Deus na casa do Pai. É verdade que humanamente nossa Igreja

---

[1] *Catecismo da Igreja Católica*, nn. 818-819.
[2] *Catecismo da Igreja Católica*, n. 823.

tem muitas deficiências. Vivemos na terra, somos pessoas cheias de acertos e erros. Mas a Igreja não é somente o que aparece externamente. Nela há uma vida escondida que empurra, move e vivifica: o Espírito invisível que habita em cada um de nós anima-nos e nos fortalece para superar as debilidades de nossa carne e formar um só corpo, uma só comunidade.

A Igreja é santa, sobretudo, porque o Espírito Santo se manifesta nela. Por isso, os antigos Padres da Igreja a comparavam ao mistério da lua, pois esta brilha não com luz própria, mas reflete aquela do sol. O mesmo sucede com a Igreja, que reflete a luz irradiante de Cristo no mundo através da pregação de sua Palavra, da celebração de seus mistérios e do testemunho de sua caridade.

A Igreja é católica

Esta Igreja é *católica*. *Católica* (da língua grega) significa *universal* (da língua latina), comunidade de todos os homens e mulheres convidados a fazer parte dela, aberta a todos, sem discriminação. Este é o projeto do próprio Jesus sobre a Igreja: "Ide por todo mundo, proclamai o Evangelho a toda criatura" (Mc 16,15), e: "Ide, pois, fazer discípulos entre todas as nações" (Mt 28,19), e ainda: "Sereis minhas testemunhas até os confins da terra" (At 1,8).

A imagem da catolicidade (universalidade) da Igreja já se encontra na conhecida parábola da mostarda: "Embora seja a menor de todas as sementes, quando cresce, fica maior do que as outras plantas. E se torna uma árvore, de modo que os pássaros do céu vêm e fazem ninho em seus ramos" (Mt 13,31-33). O mesmo sentido tem a parábola da rede lançada no mar que "apanha peixes de todo o tipo" (Mt 13,47): os pássaros e os peixes são os diversos povos que entram a fazer parte da Igreja, que é a face visível do Reino do qual falam as parábolas do capítulo 13 de Mateus.

A Igreja era *católica* na manhã de Pentecostes, quando os seus membros estavam reunidos na sala onde receberam o Espírito Santo, e também na praça, quando, pela pregação de Pedro, uma multidão formada de todas nações (At 2,9) acolheu a palavra de Jesus. A Igreja é Católica porque missionária, enviada a todas as nações.

A Igreja é *católica* ou *universal* porque a salvação é destinada a todas as pessoas e a todos os povos. É este o motivo que leva tantos missionários e missionárias de todos os tempos a abandonarem tudo, a enfrentarem todo desafio e se tornarem mensageiros desta surpreendente notícia. O cristão, por vocação, é um irmão sem fronteiras, é católico, é universal!

A Igreja Católica recebe de Cristo a plenitude dos meios de salvação: confissão de fé correta e completa, vida sacramental integral e ministério ordenado na sucessão apostólica. Ela é católica porque é enviada em missão por Cristo à universalidade do gênero humano.[3]

A Igreja é apostólica

Esta Igreja é *apostólica*, pois se fundamenta na fé, no testemunho e no ensino dos Apóstolos (Ef 2,20; At 21,14; Mt 28,16-20; Jo 20,21) que surgem como os responsáveis pelas comunidades, as testemunhas privilegiadas da vida, morte e ressurreição de Jesus. A Igreja é apostólica por ser fundada sobre os apóstolos, e isto em três sentidos:

- ela foi e continua sendo construída sobre o fundamento dos apóstolos (cf. Efésios 2,20), testemunhas escolhidas e enviadas em missão pelo próprio Cristo;

- ela conserva e transmite, com a ajuda do Espírito que nela habita, o ensinamento, o depósito precioso, as palavras ouvidas da boca dos apóstolos;

- ela continua a ser ensinada, santificada e dirigida pelos apóstolos, até a volta de Cristo, graças aos que a eles sucedem na missão pastoral: o colégio dos bispos, assistido pelos presbíteros (padres), em união com o sucessor de Pedro (papa), pastor supremo da Igreja.

---

[3] Cf. ibid., nn. 830-831.

O Espírito deixado por Cristo e derramado sobre a Virgem Maria e os apóstolos em forma de fogo (cf. At 2,1-13) confere a missão de continuar no mundo a obra de Cristo. Nela o Reino também se manifesta.

O sucessor de Pedro

Faz-se necessário acrescentar a estas quatro notas, uma quinta: a *Romana*, porque está em comunhão com o bispo de Roma, lugar do martírio de Pedro e de Paulo. Pedro tinha um lugar de destaque entre os Apóstolos. Na lista dos doze Apóstolos, Simão, a quem Jesus muda o nome para Pedro, está citado sempre em primeiro lugar (Mt 10,2-4; Mc 3; 5,3-5).

Quando os Evangelhos falam dos três discípulos mais íntimos de Jesus (Pedro, João e Tiago), Pedro é sempre citado em primeiro lugar: na transfiguração (Mt 17,1), no horto das oliveiras (Mt 26,36-37).

Quando Jesus pergunta o que os discípulos acham dele, quem responde em nome dos doze é Pedro (Mt 16,16). E, depois da ressurreição, é a Pedro que Jesus dá a missão de apascentar a Igreja (Jo 21,15-17).

O bispo de Roma, que depois será chamado Papa (pai), desde o início recebeu uma veneração especial. Santo Inácio de Antioquia, na carta que ele envia à Igreja de Roma, assim se expressa na saudação: "À Igreja que preside na região dos romanos... que preside no amor".[4] Temos outro antigo testemunho importante sobre o lugar que ocupa o bispo da Igreja de Roma, a Carta de Clemente aos Coríntios (+95-96). Clemente, bispo de Roma, informado sobre uma situação de conflito na Igreja de Corinto, intervém com autoridade e a sua decisão é acatada.[5]

---

[4] Carta aos Romanos. In: *Padres Apostólicos*. São Paulo: Paulus, 1997. p. 103. [Patrística 1].

[5] Carta aos Coríntios. In: *Padres Apostólicos*, pp. 23-70.

As Igrejas e comunidades cristãs

"Cristo, sendo um só, fundou uma só Igreja e deu a ela o dom da unidade. A vivência e visibilidade da unidade da Igreja está prejudicada pela história de divisão dos cristãos. Prejudicada mas não perdida, pois a Igreja de Cristo continua sendo una em sua essência.

Os cristãos já vivem uma unidade real, embora ainda não plena. A base é a fé em Cristo, assumida no Batismo. Todos os batizados possuem uma comum dignidade sacramental. Ninguém vale mais, não existe uns 'mais' cristãos e outros 'menos' cristãos. Pelo Batismo comum há comunhão no ser cristão, todos são irmãos uns dos outros.

Os batizados tornam-se membros do Corpo de Cristo, possuem o seu Espírito e a sua graça; têm as virtudes da fé, da esperança e da caridade; alimentam-se da mesma Palavra; pertencem ao único povo de Deus.

Isso dá aos cristãos também uma missão comum: testemunhar Jesus Cristo neste mundo, vivendo no amor e na justiça do seu Reino. Não há excluídos do Reino, pois Deus quer salvar a todos, não por causa da Igreja à qual pertencem, mas por causa do amor gratuito e universal dado em Cristo.

Essa é a base para um diálogo sincero sobre outros elementos da fé cristã, como: a Eucaristia, o Ministério Ordenado, a organização e autoridade na Igreja, os métodos de evangelização. As divergências sobre esses elementos são superadas no diálogo que amplia a base comum da fé já existente entre os cristãos."[6]

PARA APROFUNDAR

1) Por que sou católico?

2) Qual é a minha identidade de cristão?

3) O que os cristãos batizados em outras Igrejas ou comunidades cristãs têm em comum?

---

[6] WOLFF, Elias. *O que é ecumenismo?* São Paulo: Paulinas, 2012.

15º Tema

O cristão na Igreja e no mundo

Inicialmente os adultos falam a respeito do que conhecem sobre a Paróquia, comunidades, pastorais e serviços. Além de testemunhar concretamente a vivacidade da paróquia, esses relatos suscitarão interesse e disponibilidade de colaboração.

Será muito proveitoso contar com a presença de agentes pastorais e principalmente do pároco para apresentar a comunidade paroquial, a organização do conselho, o plano paroquial com seus objetivos e metas.

Este encontro tem a finalidade de delinear o papel do leigo no mundo e a sua participação na comunidade cristã.

PARA PENSAR

Cada um de nós é acolhido, pelo Batismo, no seio de uma comunidade que chamamos Paróquia, geralmente animada por um presbítero. Nesta comunidade somos alimentados pela Palavra de Deus e pelos sacramentos, sobretudo a Eucaristia, para assumir com alegria a missão que Jesus confiou a sua Igreja: "Ide, pois, fazer discípulos entre todas as nações" (Mt 28,19). É nesta comunidade que somos encaminhados ao encontro definitivo com o Pai.

O Batismo insere o cristão na tríplice missão de Jesus Cristo, ser profeta, sacerdote e rei. Vimos que participando do sacerdócio de Cristo, comum a todos os cristãos, ofertamos nossa vida, nossos trabalhos e alegrias como culto de louvor ao Pai. A realeza de Cristo, da qual participamos, nos capacita a organizar a comunidade do Povo de Deus em sua caminhada neste mundo. A profecia de Cristo nos impele a defender a Aliança selada com seu sangue em defesa da vida, na acolhida do Reino, na vivência evangélica, contrariando a superficialidade do mundo.

Transformar o mundo

O Concílio Vaticano II valorizou a participação do leigo na vida da Igreja. Afirmou que o campo próprio de ação do leigo é a transformação do mundo em seus desafiantes setores: o trabalho, a sociedade, a família em suas novas relações entre seus membros e com a sociedade moderna etc. Enfim, é como se os leigos olhassem o mundo da janela da Igreja e se perguntassem: como ser mais cristão na sociedade? Como anunciar a Palavra e ser sal e luz neste mundo?[1] A respeito dos leigos, "o campo próprio de sua atividade evangelizadora é o mesmo mundo vasto e complicado da política, da realidade social e da economia, como também o da cultura, das ciências e das artes, da vida internacional, dos *mass media* e, ainda, outras realidades abertas para a evangelização, como sejam o amor, a família, a educação das crianças e dos adolescentes, o trabalho profissional e o sofrimento".[2]

Esclarecemos que a palavra leigo designa cristãos e membros da Igreja, a pleno título, que vivem o Evangelho no mundo. Devemos evitar a conotação pejorativa que o termo assumiu em nossa sociedade, e usar também outros equivalentes como cristãos ou católicos.[3]

O serviço do cristão não se limita a determinadas áreas da missão da Igreja, como, por exemplo, o âmbito do culto, da palavra ou da coordenação da comunidade. O Concílio privilegia a ação dos leigos para anunciar e viver o Evangelho propriamente onde ele atua e pode se fazer presente.

Há alguns organismos da cidade que favorecem uma consciência maior do ser cristãos e profetas, pois são entidades que

---

[1] Cf. CONCÍLIO VATICANO II. *Constituição dogmática "Lumen gentium".* nn. 36b; 33b.

[2] PAULO VI. *Evangelii Nuntiandi.* n. 70.

[3] Cf. CNBB. *Missão e ministérios dos cristãos leigos e leigas.* São Paulo: Paulinas, 1999. n. 109. (Documentos da CNBB, n. 62).

organizam politicamente a cidadania. Recordemos alguns deles: os vários conselhos de direitos: da criança e do adolescente (CMD-CA), do idoso, da assistência social, do patrimônio histórico etc. Eles compõem as políticas básicas que a cidade estabelecerá para enfrentar os grandes problemas. Não podemos deixar de mencionar o grande papel dos pais e responsáveis na vida da escola, especialmente a pública; mais do que se lamentar, vale a pena lutar pelo ensino gratuito e de qualidade.

O Evangelho de Cristo deve permear todas as estruturas. Maximamente alcançar as estruturas decisórias da vida da cidade, do estado e do país, tendo como meta tão somente o bem comum, particularmente os mais pobres e injustamente privados de políticas e recursos que possam abrir-lhes oportunidades de educação de base, moradia digna.

O Estado fraco e corrompido por seus líderes não cumpre seu papel de mediador do bem comum e favorece a política econômica dos "ricos cada vez mais ricos, à custa dos pobres cada vez mais pobres". Podemos imaginar as populações inteiras que gastam duas horas para chegar ao trabalho; a falta de trabalho para os jovens da periferia, os quais não têm oportunidade de se preparar à altura para as exigências do mercado; a exclusão social que atinge milhões de pessoas.

A formação da consciência cidadã é o campo específico do leigo que vibra pelo Evangelho e quer levar a sério os seus valores: "Por isso, além da saudável e necessária participação de cristãos na política partidária, é necessário incrementar os grupos de reflexão e de acompanhamento das atividades políticas, exercendo cada vez mais a aproximação entre o compromisso de fé e o exercício da justiça por meio dos organismos de representação popular".[4]

Por esse motivo há o envolvimento de muitos cristãos nas chamadas pastorais sociais, que atendem à necessidade de muitos irmãos que passam por graves dificuldades. Elas colaboram para conscientizar a comunidade de fé e a sociedade sobre a situação de injustiça e de pecado social a que diariamente submetemos nossos irmãos.

---

[4]   Ibid., n. 132.

É meritória e reconhecida internacionalmente a ação da pastoral da criança, que já salvou a vida de tantos bebês em áreas de extrema carência. Outras pastorais atuam com igual vigor: a pastoral da saúde, do menor (que exerceu grande papel na elaboração do Estatuto da Criança e do Adolescente), da mulher marginalizada etc. Ao lado dessas, inclui-se o magnífico trabalho das ONGs católicas que atendem a uma porção considerável de excluídos, sob a coordenação de religiosos e religiosas dedicados a esse ministério, nas quais sobressai a atuação silenciosa e competente de um batalhão de cristãos.

Nossa paróquia

A paróquia se apresenta como a primeira comunidade eclesial, a primeira família eclesial qualificada, a primeira escola da fé, da oração, do costume cristão, o primeiro campo da caridade eclesial, o primeiro órgão da ação pastoral. O católico participa de sua comunidade de fé. Colabora para seu crescimento.

"Para que possam ser aquele sinal de unidade e paz que o mundo procura, as comunidades precisam cultivar as atitudes da acolhida, da misericórdia, da profecia e da solidariedade [...]; deverão destacar-se como referencial de vida e esperança, sobretudo para os mais pobres."[5]

"A Paróquia é uma célula viva da Igreja e o lugar privilegiado no qual a maioria dos fiéis tem uma experiência concreta de Cristo e da comunhão eclesial."[6] Com efeito, a Paróquia é o espaço concreto da iniciação cristã, da educação da fé, da primeira experiência como povo de Deus e da missão que recebemos enquanto batizados.

Nesta comunidade aprendemos também a amar o próximo com o mesmo amor com que Jesus nos ama. Por isso a nossa Paróquia, além da celebração dos sacramentos, organiza outros serviços – que chamamos de pastorais sociais – para os irmãos e irmãs excluídos, tornando-se assim a casa e a escola da caridade.

---

[5] Ibid., n. 115.

[6] *Documento de Aparecida*. Texto conclusivo da V Conferência Geral do Episcopado Latino-Americano e do Caribe. Ed. CNBB, n. 170.

A Paróquia é o lugar que favorece o encontro entre a fé e a vida de cada dia.

Para fazer com que a evangelização, a liturgia e as pastorais ligadas à caridade cheguem a todos, mesmo aos afastados, nas Paróquias, muitas vezes, existem comunidades menores. Sobretudo, nas Paróquias que têm uma grande extensão. A este propósito, o *Documento de Aparecida* fala de Paróquia como de uma "comunidade de comunidades",[7] que permite estabelecer verdadeiras relações humanas, vivendo mais intensamente a comunhão e a solidariedade. Respondem a esta necessidade também os grupos missionários que as comunidades organizam para levar aos lares a Palavra de Deus, a oração e o auxílio aos sofredores.

A comunidade paroquial acolhe a todos, cria espaço para todos. As crianças, mas também os pais, ao conhecerem a própria comunidade, sentem orgulho de pertencer a ela. As paróquias fazem parte de um espaço maior que chamamos *Diocese*, ou *Igreja Particular*, ou ainda *Igreja Local*. Cada Diocese, que abrange uma determinada área geográfica, é o espaço da comunhão e da missão presidida pelo bispo, aí se vive plenamente a fé da Igreja Católica.[8] A Diocese, com seu Plano de pastoral, garante a comunhão e unidade da evangelização de todas as Paróquias e Movimentos.

O sentimento de pertença à própria Paróquia nos dá o verdadeiro sentido de ser Igreja. À medida que na catequese fazemos a experiência de vida comunitária, conhecemos a articulação dos trabalhos da comunidade e começamos a nos identificar com um ou outro trabalho, tomamos consciência de que somos Igreja e que dentro dela temos uma missão. A catequese não visa simplesmente à recepção dos sacramentos, é uma experiência concreta desta missão.

---

[7] Id., 5.2.2. Conf. também *A Igreja na América*. Exortação apostólica pós-sinodal do Papa João Paulo II, n. 41.

[8] *Documento de Aparecida*, op. cit., n. 169.

PARA APROFUNDAR

1) O que é testemunhar a fé?

2) Em que posso colaborar para o crescimento de minha comunidade?

3) O que fazer para conhecer mais profundamente a fé cristã?

Bênção da família[1]

O rito aqui oferecido pode ser usado por sacerdote, diácono ou leigo; neste caso, obedecendo-se aos ritos e orações previstos.

Conservando-se sempre os elementos mais importantes do presente rito, pode-se escolher algumas partes para adaptar a celebração às condições do lugar e das pessoas da família.

Ministro: Em nome do Pai...

A graça e a paz de Deus, nosso Pai, e de Jesus Cristo, nosso Senhor, estejam convosco.

Todos: Bendito seja Deus, que nos reuniu no amor de Cristo.

Ministro (com estas palavras ou outras semelhantes): Prezados irmãos e irmãs, a família recebeu pelo sacramento do Matrimônio a graça de Cristo e uma vida nova. Invocamos nesta celebração a bênção do Senhor, para que os membros de cada família sejam sempre, entre si, colaboradores da graça e mensageiros da fé nas diversas circunstâncias da vida. Com a ajuda de Deus havereis de cumprir vossa missão, harmonizando vossas vidas com o Evangelho, para que assim possais apresentar-vos no mundo como testemunhas de Cristo.

---

[1] RITUAL ROMANO. *Ritual de bênçãos*. São Paulo/Petrópolis: Paulinas/Vozes, 1990. nn. 40-61.

Proclama-se um texto da Sagrada Escritura.

- 1Cor 12,12-14, "todos os membros formam um só corpo".
- Ef 4,1-6, "suportando-vos uns aos outros com caridade".
- Rm 12,4-16, "Com amor fraterno, tendo carinho uns para com os outros".
- 1Cor 12,31b–13,7, "Hino ao amor-caridade".

Se for oportuno, o ministro dirige a homilia.

Ministro: Supliquemos humildemente ao Cristo Senhor, Palavra eterna do Pai, que, enquanto esteve entre os homens, se dignou viver em família e cumulá-la de bênçãos celestes, para que olhe com bondade por esta família, e digamos:

R.: Senhor, guardai a nossa família na vossa paz.

Vós que, sendo obediente a Maria e a José, consagrastes a vida familiar, santificai estas famílias com a vossa presença.

Tivestes zelo pelas coisas do Pai; fazei que em toda família Deus seja servido e honrado.

Apresentastes a vossa sagrada família como admirável exemplo de oração, de amor e obediência à vontade do Pai; santificai com vossa graça estas famílias e dignai-vos abençoá--las com os vossos dons.

Amastes os vossos pais e fostes por eles amado; consolidai todas as famílias na paz e na caridade.

Em Caná da Galileia, alegrastes o nascimento de uma família com o vosso primeiro milagre, transformando água em vinho; aliviai as dores e aflições desta família, e transformai-as suavemente em alegria.

Dissestes velando pela unidade da família: "o que Deus uniu, o homem não separe"; conservai estes cônjuges cada dia mais fortemente unidos pelos laços do vosso amor.

Pai nosso...

Ministro: Ó Deus, criador e misericordioso salvador do vosso povo, vós quisestes fazer da família, constituída pela aliança nupcial, o sacramento de Cristo e da Igreja; derramai copiosa bênção sobre estas famílias, reunidas em vosso nome, a fim de que os que nelas vivem num só amor possam, com fervor e constância na oração, ajudar-se uns aos outros em todas as necessidades da vida e mostrar sua fé pela palavra e pelo exemplo. Por Cristo, nosso Senhor.

R.: Amém.

(Ministro asperge as famílias com água benta.)

Ministro: O Senhor Jesus, que morou em Nazaré com sua família, permaneça sempre em vossa família, defendendo-a de todo mal, e vos conceda ser um só coração e uma só alma.

R.: Amém.

(Canto final.)

Bibliografia

DOCUMENTOS

BENTO XVI. Exortação apostólica *Sacramento da caridade*. São Paulo: Paulinas, 2007.

_____. Carta apostólica *Porta Fidei*. São Paulo: Paulinas, 2011.

CATECISMO DA IGREJA CATÓLICA.

CELAM. *Documento de Aparecida*. Texto conclusivo da V Conferência Geral do Episcopado Latino-Americano e do Caribe. São Paulo: Paulus/Paulinas.

CNBB. *Diretório nacional de catequese*. São Paulo: Paulinas, 2007. (Documentos da CNBB, n. 84).

_____. *Exigências evangélicas e éticas de superação da miséria e da fome*. São Paulo: Paulinas, 2002. (Documentos da CNBB, n. 69).

_____. *Pastoral dos sacramentos da iniciação cristã*. São Paulo: Paulinas, 1974. (Documento da CNBB, n. 2a).

_____. *Missão e ministérios dos cristãos leigos e leigas*. São Paulo: Paulinas, 1999. (Documentos da CNBB, n. 62).

CÓDIGO DE DIREITO CANÔNICO.

CONCÍLIO VATICANO II. Constituição Dogmática *Lumen Gentium*.

_____. Constituição Dogmática *Dei Verbum*.

_____. Declaração *Nostra Aetate*.

_____. Decreto *Unitatis redintegratio*.

CONGREGAÇÃO DOS RITOS. *Instrução sobre o culto do mistério eucarístico*. São Paulo: Paulinas, 2003.

CONGREGAÇÃO PARA O CULTO DIVINO. *Diretório para missas com crianças*. São Paulo: Paulinas, 1977. (Documentos da CNBB, n. 11).

CONSELHO NACIONAL DE IGREJAS CRISTÃS DO BRASIL – CONIC. *Os casamentos interconfessionais*; uma visão teológico--pastoral. São Paulo: Paulinas, 2007. p. 14.

JOÃO PAULO II. *Carta encíclica sobre a Eucaristia na sua relação com a Igreja*. São Paulo: Paulinas, 2003.

_____. *Catechesi Tradendae*: a catequese hoje. São Paulo: Paulinas, 1980.

_____. *Familiaris Consortio*: a missão da família cristã no mundo de hoje. São Paulo: Paulinas, 1981.

RITUAL ROMANO. *Ritual de bênçãos*. São Paulo/Petrópolis: Paulinas/ Vozes, 1990.

ESTUDOS

AGOSTINHO. *A instrução dos catecúmenos*; teoria e prática da catequese. Tradução Maria da Glória Novak. Petrópolis: Vozes, 1984. (Fontes da catequese, 7).

ARMELLINI, Fernando. *Celebrando a Palavra*. Ano B. São Paulo: Ave Maria, 1996.

BENASAYAG, Miguel; SCHMIT Gérard. *L'epoca delle passioni tristi*. 6. ed. Milano: Feltrinelli, 2009.

BRUSTOLIN, Leomar A.; LELO, Antonio F. *Iniciação à vida cristã*; Batismo, Confirmação e Eucaristia de adultos. São Paulo: Paulinas, 2006.

CASTELLANO, J. C. La iniciación cristiana y el camino espiritual. *Phase* 246 (2001), pp. 461-476; aqui, p. 465.

CIRILO DE JERUSALÉM. *Catequeses mistagógicas*. Tradução Frei Frederico Vier. Introdução e notas: Fernando Figueiredo. Petrópolis: Vozes, 2004.

CLEMENTE ROMANO. Carta aos Coríntios. In: *Padres apostólicos*. São Paulo: Paulus, 1997. (Patrística, 1).

CONSIGLIO EPISCOPALE PERMANENTE DELLA CEI. *Senza la domenica non possiamo vivere*. Torino: Ed. Paoline, 2004.

INÁCIO DE ANTIOQUIA. Carta aos Romanos. In: *Padres apostólicos*. São Paulo: Paulus, 1997. (Patrística, 1).

LOPES, Geraldo. *Lumen Gentium*; texto e comentário. São Paulo: Paulinas, 2011.

PORRECA, Wladimir. *Filhos*; desafios e adaptações na família em segunda união. São Paulo: Paulinas, 2012.

SALVINI, José Adalberto. Para entender e viver o Tríduo Pascal. O *Ascensor (Boletim informativo da Diocese de Jaboticabal)* 68:1875 (abril 2007), p. 5.

WOLFF, Elias. *Unitatis Redintegratio. Dignitatis Humanae. Nostra Aetate*; textos e comentários. São Paulo: Paulinas, 2012. p. 14.

_____. O *que é ecumenismo?* São Paulo: Paulinas, 2012.

Rua Dona Inácia Uchoa, 62
04110-020 – São Paulo – SP (Brasil)
Tel.: (11) 2125-3500
http://www.paulinas.com.br – editora@paulinas.com.br
Telemarketing e SAC: 0800-7010081